KB069439

나는 휘둘리지 않기로 했다

나는 휘둘리지 않기로 했다

초 판 1쇄 2023년 09월 18일

지은이 지지(이지연)
펴낸이 류종렬

펴낸곳 미다스북스
본부장 임종익
편집장 이다경
책임진행 김가영, 신은서, 박유진, 윤가희, 정보미

등록 2001년 3월 21일 제2001-000040호
주소 서울시 마포구 양화로 133 서교타워 711호
전화 02) 322-7802~3
팩스 02) 6007-1845
블로그 http://blog.naver.com/midasbooks
전자주소 midasbooks@hanmail.net
페이스북 https://www.facebook.com/midasbooks425
인스타그램 https://www.instagram/midasbooks

© 지지(이지연), 미다스북스 2023, *Printed in Korea.*

ISBN 979-11-6910-329-9 03190

값 **17,500원**

※ 파본은 본사나 구입하신 서점에서 교환해드립니다.
※ 이 책에 실린 모든 콘텐츠는 미다스북스가 저작권자와의 계약에 따라 발행한 것이므로 인용하시거나 참고하실
　 경우 반드시 본사의 허락을 받으셔야 합니다.

미다스북스는 다음세대에게 필요한 지혜와 교양을 생각합니다.

나는 휘둘리지 않기로 했다

편견 속에서도 당당하고 행복하게 살아가는 법

지지(이지연) 지음

미다스북스

이 책을 집어 든 당신은 이제 나의 친구다.
나는 내 친구인 당신이 조금 더 나은 삶을 살아가기 바란다.
하지만 당신에게 내가 행복해질 수 있었던
생각의 변화를 강요할 생각은 없다.

그러니 이 책을 덮을지에 대한 판단은,
내가 당신에게 건네는 메시지를 보고 판단해보면 어떨까?
당신은 그저 마음에 닿는 메시지만 취하면 된다.

저는 전문계고 출신 공기업 10년 차 여직원입니다. 사람들은 저에게 이른 나이에 공기업에 취직했으니 정년까지 안락하게 살 수 있겠다고 말하곤 했습니다. 이제 결혼만 하면 되겠다며 어린 나이에 취직한 걸 부러워하는 이도 있었지요. 하지만 저에게 회사생활은 자살을 생각할 정도로 지옥 같았어요.

사회 초년생 때, 저를 '고졸 어린 여직원'이라고 멋대로 평가하던 상사가 있었습니다. 나서서 제 편을 들어주는 사람은 없었고, 저는 이 고난이 언젠가 지나갈 거라 스스로 다독이면서 참았습니다. 그리고 그의 막말을 성장의 양분으로 삼아, 새로운 근무지에서는 모든 사람에게 인정받자고 다짐했지요.

실제로 지옥같이 느껴지던 첫 근무지는 1년 3개월 만에 벗어날 수 있었습니다. 운이 좋게도 제가 바라던 이상향의 근무환경에서 근무하게 되었지요. 그런데 그곳에서도 저는 불행했습니다. 저는 다른 이들에게 평가받는 게 두려워서 그들의 기준에 저를 맞추고 있었기 때문입니다.

제 생각과 감정을 돌보지 않은 채로 시간이 흘렀습니다. 그리고 2017년 8월, 한가로운 일요일 점심에 저는 쓰러졌습니다. 쓰러진 이유를 찾고자 대형병원에서 입원 검사를 받았어요. 의사에게 언제든지 죽을 수도 있다는 진단을 받고서야 비로소 수용하기로 했습니다. 타인에게 인정받고자 그들의 기준에 저를 맞추는 건 성장이 아니라 스스로를 파괴하는 행동이었다는 사실을요.

인생에서 고난을 겪는 순간마다 이 경험을 사람들에게 꼭 전해야겠다고 생각했습니다. 왜냐하면 중학생 시절에 들었던 어떤 회사 CEO의 성공 일화가 제 앞에 닥친 문제들을 해결할 힘이 되었기 때문입니다. 저는 중학생 시절 가난과 따돌림을 겪은 적이 있습니다. 사회 부적응자 같던 저는 '공부'를 하기로 결단했고 고등학교 재학 기간에 독보적인 성과를 냈습니다. 이후로는 누구도 저를 함부로 대하지 못했지요. 우리가 지금 얼마나 못났는지와는 상관없습니다. 생각을 선택하면 변화할 수 있다고 알려주고 싶습니다.

저를 향한 비난의 말에 자살까지 생각했을 때, 자살 충동을 이겨내고 살아가기로 선택했습니다. 누군가는 저에게 "사소한 일에 너무 의미 부여하지 마."라고 말할 수도 있어요. "네가 너무 예민한 거 아닐까."라고 할지도 모르죠. "남들 다 잘 지나가는데 왜 너만 그래?" 나약하다며 다그칠지도 몰라요. 저는 이런 시선들로 지친 이들에게 "죽지 말고 살아가라"고 말해주고 싶습니다. 그리고 지금의 저처럼 죽지 않고 살아준 자신에게 "살아줘서 고맙다"고 감사를 표할 때가 올 것이라 믿어요.

제 이야기가 과거의 저와 비슷한 고통을 느끼고 있을 누군가에게 변화의 씨앗이 될 수 있다고 생각했어요. 그리고 누군가의 삶에 행복으로 향하는 길잡이가 될 거라 늘 꿈꿔왔습니다. 제가 살면서 느끼고 경험하며 깨달은 생각들을 많은 사람에게 알려주고 싶습니다.

사실 우리는 모두 편견이 가득한 세상에서 살아가고 있습니다. 그것은 제가 경험한 '고졸, 어린, 여직원'이라는 선입견뿐만 아닙니다. 반대로 '대졸, 나이 많은, 남직원' 또한 편견이 존재하지요. 고졸이라 못 하지만 대졸은 할 수 있는 일이 정해진 걸까요? 또 대졸이라 못 하고 고졸이라 할 수 있는 일이 나눠진 건가요? 학력이 아니라 사람마다 능력치가 다른 것뿐인걸요. 어리면 어리다고 안 돼, 늙으면 늙었다고 안 돼. 나이의 기준은 누가 정하는 걸까요? 회사나 가정에서 여자와 남자의 역할을 구분하는 게 정말 의미 있는지 알 수 없습니다. 색안경 끼고 사람들을 평가하는 이들은 나름대로 여러 이유를 늘어놓을 거예요. 그런데 사실은 "당신이 내 기준에 휘둘려야 내가 똑똑해 보일 것 같으니까."라고 말하고 싶었

나는 휘둘리지 않기로 했다

던 게 아니었을까요?

우리는 누구나 주관적인 세계에 살고 있습니다. 자기만의 관점으로 세상을 바라보고 판단하죠. 모든 사람이 서로가 서로를 멋대로 판단하면서 함께 살아갑니다. 즉, 편견은 누구나 겪는 문제라는 의미입니다.

다양한 생각을 지닌 사람들과 공존하는 세상에서 우리를 향한 누군가의 편견은 피할 수 없는 현상입니다. 저는 그저 이런 세상을 살아가는 우리에게 알려주고 싶었습니다. 다양한 편견 속에서도 제가 당당해질 수 있었던 생각을요. 그리고 이제는 꿈과 목표를 향해 행복하게 성장하는 모습을 공유하고 싶었습니다.

이 책은 타인의 눈치를 보느라 자기 자신을 돌보지 못하는 이들에게 권하고 싶습니다. 그 생각이 바로 과거의 저를 죽음까지 내몰았던 생각이기 때문입니다. 죽음을 깊이 생각하고 나서, 제 삶의 주체는 완전히 달라졌습니다. 누가 나를 뭐라고 판단하든 나는 나일 뿐입니다. 다른 사람들의 부정적인 시선에 영향 받지 말고 내가 중점이 되는 삶을 살기로 결단하세요. 그리고 당당하게 살아가세요.

저는 다른 이들의 기준에 맞춰 살아가는 삶이 얼마나 불행한지 죽음을 실감하고 나서야 깨달았습니다. 하지만 당신은 구체적이고 생생한 제 경험을 통해 발견하기를 바랍니다. 직접 경험한 만큼의 충격을 받고 변화와 성장이 행복이라는 것을 알아차리시길 소망합니다. 바뀔 수 있다는 사실을 깨닫는 순간, 변화는 쉬워집니다. 가난과 따돌림, 사회적 약자로서의 선입견 등 다양한 편견을 경험하는 사람들에게 힘과 용기를 전하고자 합니다. 또한 이 책은 당신이 세상을 살아가는 데 도움이 되는 관점과 태도를 발견할 수 있도록 도와줄 것입니다. 제 이야기가 많은 이들에게 힘이 되고 생각을 바꾸는 데 도움이 될 것이라 믿습니다.

만약 제 이야기 중 공감할 수 없는 내용이 있다면 그 생각은 받아들이지 않아도 됩니다. 대신 그 생각으로 나온 결과를 먼저 살펴본 후 판단하시기를 바랍니다. 그 결과가 당신이 원하는 모습과 비슷하다면 따라 해볼 가치가 있을 테니까요.

타인의 기준에 맞추며 힘겹게 살아가는 모든 이에게 바랍니다. 다른 사람 때문에 감정 상하지 않으면 좋겠습니다. 누군가의 주장에 휘둘리지 않으면 좋겠습니다. 남들 보기 좋은 거 따라가느라 등골 휘지 않으면 좋겠습니다. 사람들이 좋아해주기를 바라면서 전전긍긍하지 않으면 좋겠습니다. 눈치는 이제 그만 보고 자유롭게 살아가면 좋겠습니다.

한 명이라도 이 책에서 격려와 응원을 받았다면 이 책은 목적 달성입니다. 단 한 명이라도 삶의 태도에 영향을 받게 된다면 이 책은 성공입니다. 오직 한 명이라도 변화하기로 결단하고 행동한다면 이 책은 대성공입니다.

인생 경험에서 얻은 깨달음을 다른 이에게 전하는 것이 이제 저의 소명입니다. 고난을 경험하고 그걸 극복해서 행복해지는 과정을 알려주는 것은 누군가를 살리는 일입니다. 저의 모든 경험과 감정을 담아 제가 지금 당당하게 살아갈 수 있는 이유를 사람들에게 전하고 싶습니다. 제가 변화하고 성장한 과정을 공유함으로써 누구나 당당해질 수 있다고 알려주고 싶어요. 제 경험과 성과를 이뤄낸 방법 그리고 생각의 변화를 이 책에 상세하게 기록했습니다. 그래서 이 책은 사실 저의 27년 인생 전체를 담고 있는 책입니다. 제 인생 경험과 생각을 담은 이 책이 나의 소중한 친구인 당신에게도 도움이 되길 바랍니다.

이 책의 저자 수익금은 사람들이 꿈과 목표를 찾고, 선한 방향으로 성장할 수 있도록 돕는 일에 전액 기부됩니다.

차 례

제4장 ___ 결단 후 시작된 빛나는 나의 성장기록

제1장

편견에 처음 마주한
회사생활

1

인문계 vs 전문계고

중학교 3학년. 인문계와 전문계, 선택의 기로에 서다

학창 시절의 저는 방구석에서 혼자 컴퓨터 게임 하는 걸 좋아하던 사회 부적응자였습니다. 학교에서는 동급생들이 괴롭혀도 싫다고 표현할 줄도 몰랐지요. 거기에 성적은 평균 60점대였어요. 특별히 잘하지도, 그렇다고 못하지도 않은 애매한 그룹에 속했습니다.

저는 가난과 따돌림에서 이겨내기 위한 수단으로 중학교 2학년부터 '공부'를 시작합니다. 그리고 인문계 고등학교와 전문계 고등학교 중 하나를 선택해야 했지요.

당시 전문계고에 진학한다는 의미는 보편적인 과정을 따르지 않는다는 것을 뜻했습니다. 제가 느꼈던 전문계고를 향한 사회적 인식은 낮은 수준의 업무를 싼값에 시킬 수 있는 인력을 양성하는 곳이었지요. 즉, 공부를 싫어하는 아이들이 기술을 배워 바로 취업을 하는 학교라고 인지되었습니다. 저는 그런 인식에도 불구하고 두 가지 이유로 전문계고에 진학합니다.

첫 번째 이유. 학비로 부담 주기 싫어

첫 번째 이유는 '경제력' 때문입니다. 우리 집은 가난했고, 저는 엄마 없이 살아갈 수 없는 존재였습니다. 엄마가 돈 때문에 힘들어하는 모습을 본 저는, 엄마에게 고등학교 학비로 부담 주기 싫었어요.

우리 가족은 2년마다 더 저렴한 전셋집으로 이사하는 것이 일상이었습니다. 중학교 시절 30년 된 1층 빌라에서 살았어요. 가끔 화장실 문 안쪽에서 긁는 소리가 났습니다. 그 소리의 정체를 곧 알게 됐죠. 지하 창고에 살던 생쥐가 화장실에 있던 작은 구멍을 통해 드나들었던 것입니다. 그중 겨울이 가장 최악이었어요. 햇빛은 들지 않았고 지하 창고에서 올라오는 냉기에, 거실의 한 겹 창문은 겨울바람을 고스란히 느끼게 해주었습니다. 보일러를 틀어도 수면 양말을 신고 집을 돌아다닐 정도로 발이 시렸지요. 사실 이런 상황에서도 저는 우리 집의 경제 상황을 몰랐습니다. 조금 불편한 정도였죠.

그러다가 몇 개월간 엄마 혼자서 우리 남매를 돌봐야 하는 시기가 찾아왔어요. 엄마는 동네 공장에 일하러 가기 전, 매일 새벽에 신문과 우유를 배달했습니다. 일과 시간이 끝나고 저녁에 집에 오면, 부업거리를 한 아름 들고 왔죠. 그리고 어느 날 밤, 엄마가 저한테 눈물을 흘리며 호소했어요. "지연아, 엄마 너무 힘들어. 다 버리고 도망가고 싶어. 엄마는 지연이 없었으면 벌써 도망갔을 거야."

이 말을 듣고 나서야 우리 집의 경제적 어려움을 완전히 체감할 수 있었습니다. 그리고 저를 향한 엄마의 헌신적인 사랑을 완전히 깨달았어요. 엄마는 자기 자식을 어떻게든 살리기 위해 밤낮없이 일했어요. 그러다 지친 엄마가 제 앞에서 울고 있었습니다. 저는 더 이상 엄마에게 어리광을 부리면서 힘들게 하고 싶지 않았지요. 이때부터 엄마에게 그 어떤 부담도 주지 않겠다고 다짐합니다.

2년 전 친오빠가 고등학교를 입학할 당시만 해도 전문계고 학비는 인문고보다 높았습니다. 그런데 제가 진학하기 전에 교육부문 정책이 변화하여 전문계고 등록금이 없어졌지요. 그래서 저의 고교 3년 동안, 매분기 학교 운영비 10만 원 외에 엄마가 납부해준 학비는 없습니다.

두 번째 이유. 공부를 잘하려면 자신 있는 분야에 집중해야지

두 번째 이유는 '분노' 후에 찾아온 '깨달음' 때문입니다. 나의 정의가 받아들여지기 위해서 힘이 있어야 했어요. 그리고 학생 신분에서 힘의 척도인 '공부'를 잘하려면 자신 있는 분야에 집중해야 한다는 사실을 알았지요. 저는 그 즉시 제가 좋아하고 재미를 느끼는 전공과 학교를 선택합니다.

　학창 시절에 정신적, 육체적 폭력을 당했습니다. 초등학생 때는 동급생들에게 무시당하는 정도였지만, 중학생이 되면서 동급생들의 괴롭힘 정도가 심해졌어요. 친구였던 아이는 어느 순간부터 제 험담을 하면서 주도적으로 따돌리기 시작했습니다. 그러다가 그 아이가 다른 친구에게도 비슷한 수법으로 따돌림을 시키고 있다는 사실을 알게 됩니다. 저와 같은 감정을 느꼈을 친구가 안쓰러웠고 분노했습니다. 그날 저는, 친구와 함께 그 아이가 있다는 아파트 놀이터에 찾아갔습니다.

　그 아이를 보자마자 저는 호기롭게 외쳤어요. "야! 박XX, 내 친구 괴롭히지 마!" 그 아이가 저에게 위협을 가해도 저는 지지 않고 맞섰습니다. 하나도 안 무서웠어요. 만화에서는 항상 영웅이 악당을 물리치니까요. 저에게는 '정의는 이긴다!'라는 믿음이 있었습니다. 제 마음속에 그 아이는 착한 이들을 괴롭히는 악당이고, 저는 영웅이었어요. 그 아이는 제 명치를 주먹으로 세게 때리고는 저를 모랫바닥으로 넘어뜨렸어요. 그리고 제 배 위로 올라타서 얼굴을 주먹으로 내리칩니다.

　그 아이를 한 대도 못 때리고 싸움이 끝났어요. 저는 머리에 혹이 나고 얼굴에 멍이 들었습니다. 20분 거리의 집에 걸어오는 동안, 멍든 얼굴이 창피해서 고개를 푹 숙인 채로 걷기만 했어요. 억울했습니다. 남에게 상처를 준 사람이 이기면 안 되는 거잖아요. 정의는 승리해야 하잖아요. 저는 그녀보다 공부도 못하고, 따돌림이나 당하는 열등한 존재라는 생각에 집에 도착하자마자 이불을 뒤집어쓰고 울었습니다.

상황을 전해들은 엄마는 또 다른 피해자가 나오면 안 된다며 '학교폭력 대책심의위원회'(이하 '학폭위'라 합니다.)에 신고하라고 권유했습니다. 엄마의 말에 따라 다음 날 저는 학폭위에 그 아이를 가해자로 신고했고 며칠 후 학폭위가 개최됩니다.

선생님들은 그 아이가 저를 따돌린 이유를 듣고서 그 아이를 호되게 꾸짖었습니다. 저는 그 아이가 혼나는 모습을 보고 한 가지 깨달았어요. 저보다 공부를 잘하고 힘이 세던 그 아이도 저랑 다를 것 없는 어린아이일 뿐이라는 것을요. 잘못할 때는 혼나는 어린아이였습니다. 그와 동시에, 나의 정의가 이기기 위해서는 힘이 있어야 한다고 생각했어요. 저는 학폭위가 끝나고 집에 돌아오는 길에 다짐합니다.

"약한 친구들을 괴롭히는 저 못된 애들보다 내가 더 강해질 거야."

저는 학생 신분에서 힘의 척도는 '공부'라고 생각했습니다. 그런데 문제가 있었어요. 국어 과목에서는 누군가 정해놓은 글쓴이의 생각을 맞춰야 점수를 받는 평가 방식을 이해할 수 없었습니다. 사회 과목에서는 검색하면 나오는 사건의 발생연도를 왜 외워야 하는지 의문이 들었습니다. 소위 기본과목이라 불리는 과목의 공부 목적을 찾을 수 없었지요. 저는 일부 과목의 평가 방식과 배우는 목적을 납득할 수 없었기에 공부에 집중이 안 되었습니다. 그래서 저는 흥미 있는 과목부터 공부하자는 전략을 세웁니다. 그리고 성적이 점차 향상되었어요.

중학교 공부 시작

고등학교 진학을 결정하는 시기에 저는 생각했습니다. '나는 기본과목을 왜 배워야 하는지 아직도 이해 안 돼. 근데 인문고에 가면 이걸 더 심화해서 배우게 되잖아? 그리고 새로운 환경에서 시작하고 싶은데 중학교 동창도 많을 거고, 비슷한 교과목을 또 배우면 재미없을 텐데.'

인문고에 가면 목적 없는 공부를 3년 더 해야 합니다. 남들과 똑같은 과목을 배우고, 시험 성적에 맞춘 대학교에 진학하는 길이었습니다. 상상만 해도 의욕이 떨어졌어요. 그래서 저는 어린 시절부터 관심을 가지던 디자인 전공이 있는 전문계고 학교를 찾아보았고, 또래보다 빠르게 새로운 분야를 배워서 TOP을 찍겠다고 결심했습니다.

자랑스러운 선택을 하고 싶은 너에게

시대 흐름을 잘 탄 덕분에 저는 부모님께 학비에 대한 부담을 주지 않으면서도, 제 적성에 맞는 교과목이 있는 전문계 고등학교에 진학했습니다. 저는 당시의 결정을 지금까지도 자랑스럽게 생각합니다. 그 이유는, 14년이라는 인생을 살아오면서 직접 경험하고 느꼈던 감정을 토대로, 스스로 판단해서 내린 결정이었기 때문입니다. 이 결정은 제가 초등학생 때 뭣 모르고 들었던 조언 덕분이었지요.

"나 이외 사람들의 말은 모두 조언일 뿐, 선택에 대한 책임은 나에게 있다."

초등학생 때 이 말을 듣고는 '그런가 보다.'라고 생각했습니다. 그런데 이후 인생의 선택이 필요한 순간마다 이 문구가 떠올랐어요. 공기업 공채를 도전하는 순간에도, 대학교에 다니기로 선택한 순간에도, 회사에 휴직을 내겠다고 말한 순간에도, 꿈을 찾고 그 꿈을 이룰 때까지 전진하기로 결단한 순간에도 말이지요.

저는 공부를 결단했습니다. 그리고 전문계고 진학을 선택했습니다. 선택에 대한 결과가 모두 제 책임이라는 생각은, 이후에도 제가 스스로 판단하고 선택할 힘을 길러주었습니다.

2

나에게 주어진 길은
고졸 취업이었다

고등학교 1학년. 자격증? 성적? 나는 둘 다 해낸다

"나는 고등학교 3년 동안 학과에서 1등 할 거야. 그리고 자격증 20개
딸 거야."

저의 고등학교 생활은 '디자인과 3등' 입학으로 시작합니다. 중학교 2학
년부터 공부를 시작하며 재미를 느꼈던 저는 고등학교 성적우수 입학으
로 공부에 대한 자신감이 늘었습니다. 그래서 친구에게 목표를 선언합니
다. 그 친구가 제 말을 믿었는지, 안 믿었는지는 저에게 중요하지 않았습
니다. 제 선언은 진심이었으니까요.

'자격증 20개 취득'이라는 목표를 이루기 위해서는 1학년 1학기부터 컴
퓨터학원을 다녀야 한다고 생각했습니다. 그러나 매월 학원비는 18만
원, 우리 집 형편으로는 이마저도 부담이었죠. 하지만 목표를 결심한 즉
시 시작하지 않으면 목표를 이룰 수 없을 것만 같았습니다. 그래서 저는

26	나는 휘둘리지 않기로 했다

엄마에게 컴퓨터학원에 꼭 다녀야겠다고 말했습니다. 엄마는 잠시 고민했고, 이내 저를 믿는다면서 허락했어요.

저는 그 허락이 엄마에게 힘겨운 일임을 알았기에 더 빨리 그리고 더 많이 자격증을 따기 위한 방법을 계속 생각했습니다. 평일에 학교를 마치면 곧장 학원으로 갔어요. 주말에는 거의 자격증 공부만 했고 한 달에 한 번꼴로 자격증 시험을 보러 다녔습니다. 남는 시간에는 자격증을 검색하고 시험 일정을 알아보았습니다. 학원 진도가 느린 것 같으면 제가 자격증 시험 일정을 앞으로 조정했어요. 그리고 그 시험 일정에 맞춰 달라고 학원에 요청했습니다. 저는 학원에 의지하지 않았어요. 목표를 위해 활용했죠.

또 다른 목표인 '3년 내내 학과 1등'을 이루기 위해서, 학교 시험 기간 3주 전부터는 학교 공부에만 집중했습니다. 학교 시험 기간에는 학원에 가지 않고 시험공부에 몰입했어요. 시험 기간에는 학교 공부, 다른 날에는 자격증 공부만 했습니다. 이 시기에는 친구나 연애, 외모에 전혀 관심 없었어요. 생각해보면 당시 제 머릿속에는 오로지 공부 목표밖에 없었습니다. 공부는 하면 할수록 성취감이 커졌고 재미있었어요. 그래서 자연스럽게 공부에만 집중할 수 있었습니다.

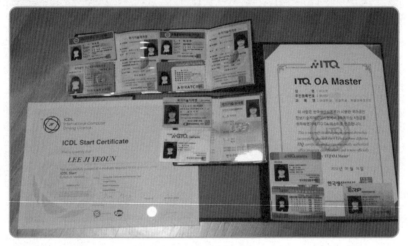

고등학생 당시 취득 자격증

고등학교 2학년, 공기업 공채 도전 제의를 받다

고등학교 2학년 겨울방학, 취업 담당 선생님에게서 공기업 공채 도전
제의를 받았습니다. 열심히 살아온 저에게 기회가 찾아왔다고 생각했어
요. 그래서 도전했습니다. 학교 성적은 전교권에 자격증은 18개 취득한
상태였습니다. 그래서 이력서와 자기소개서는 무난히 합격했고 적성 검

사는 운 좋게 합격했습니다. 그리고 앞으로 두 번의 면접이 남았지요.

그런데 문제가 있었어요. 저는 논리적으로 말도 못 하고, 발음도 어눌했지요. 게다가 논술은커녕 글쓰기 실력도 형편없었습니다. 방구석에만 숨어 살던 사회 부적응자가 3년간 공부에만 매진했으니, 공부 외 모든 면이 부족한 것은 어쩌면 당연한 결과였죠. 제가 세상에서 가장 자신 없는 게 사람들 앞에서 말하는 것이었습니다. 1분 자기소개를 외워서 말하라는데 머리가 하얘졌습니다. 다른 학생들보다 한참 뒤떨어지는 게 느껴졌지요. 얼마나 심했는지, 천사 같던 선생님이 깊은 한숨을 내쉬며 저에게 말했습니다.

"하… 지연아, 너 이런 식으로 하면 100% 떨어진다."

압박감을 느꼈습니다. 학교에서도 못 하는데, 면접장에서는 얼마나 긴장할지 알 수 없었지요. 하지만 저는 현재 할 수 있는 행동인 면접 준비에 집중하기로 했습니다. 불합격하더라도 최선을 다하자고 다짐했죠. 그동안 해오던 시험공부랑 똑같이 생각하기로 했어요. 자신감이 없으면 자신감이 생길 때까지 계속 반복했습니다. 시험 전날에 이해되지 않은 내용이 있으면 밤새워 공부했던 것처럼 면접 전날까지도 밤을 새우며 연습했습니다. 반복해서 연습하고 또 연습했어요. 그런데 면접은 아무리 연습해도 자신감이 생기지 않았습니다. 그래서 저는 면접장에 들어가기 전에 '합격하지 못하면 어쩔 수 없지 뭐.'라고 생각하기로 했어요. 면접이 끝나고도 자신은 없었습니다. 그래도 최선을 다했다며 스스로를 칭찬했어요.

면접에서 떨어질 거라 생각했지만 결과는 합격. 저는 이 소식을 취업 담당 선생님에게 알렸어요. 선생님은 기뻐하면서도 놀란 표정을 감추지 못했죠. 형편없는 말발과 어눌한 발음으로 면접 직전까지 1분 자기소개도 못 외워서 쩔쩔매던 학생이 당당히 합격했으니까요. 이제 최종 면접만 남았습니다.

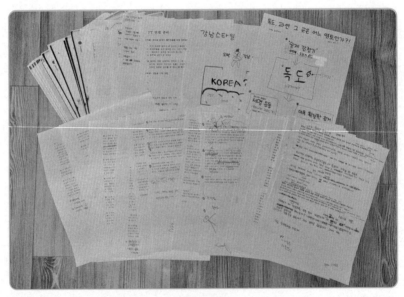

공기업 취업준비

나는 휘둘리지 않기로 했다

고등학교 3학년, 공기업 취업 확정! 취업은 내 인생의 인연이다

2013년 4월, 최종 면접까지 합격했습니다. 3학년 1학기가 시작되는 시점에 공기업 취업이 확정된 것입니다. 당시 저는 3년으로 잡았던 학교 성적과 자격증 목표를 거의 이뤄낸 상태였고 졸업 전 취업까지 확정된 상황이었죠. 학교에는 축하 현수막이 붙었고 부모님은 지인들에게 자랑하기 바빴습니다. 덩달아 저 스스로 대견하고 자랑스러웠어요. 당시 공부량은 제가 할 수 있는 최대치의 능력이었습니다. 목표를 정하고, 그것을 이루기 위한 계획을 세워서 저는 매일 행동했습니다. 고등학생의 성과는 제가 공부를 결단하고 인생에서 첫 번째로 맞이한 '대성공'입니다.

최종 면접을 보기 직전, 아빠는 저에게 대화를 요청했습니다. "지연아, 진짜 네가 원하는 게 취업이야? 아빠가 대학교도 못 보내줄 거 같아? 그래서 취업하려는 거야?" 아빠의 걱정스러운 질문에 저는 제 선택에 대해 다시 생각해 보았습니다.

사실 고등학교 졸업 후 바로 공기업에 취업하겠다는 계획은 없었습니다. 저는 가난과 따돌림을 벗어나 더 나은 삶을 살기 위해 공부를 했을 뿐입니다. 사람들에게 무시당하기 싫었고, 버림받고 싶지 않았고, 인정받고 싶었습니다. 진부하지만 당시 중학생인 제가 시도할 수 있는 건 '공부'밖에 없었기에 공부를 시작한 것입니다. 하지만 공부 목표와 계획을 세우고 이뤄가는 과정은 즐거웠고 자존감도 함께 상승했습니다. 이번에

집중하고 있는 이 공기업 공채 도전도 마찬가지입니다. 결과가 어떻든
지, 분명 저를 위한 배움의 과정이 될 거라 생각하고 시작한 것이죠. 저
는 아빠에게 이렇게 답합니다.

"아빠, 내가 반드시 취업하겠다는 건 아니야. 그런데 나는 이번에 취업
이 되면, 이것도 내 인생의 인연이라고 생각해. 내 결정이니까 후회 안
할 거야."

재능을 가지고 싶은 너에게

저는 중학교 2학년부터 공부 재능을 만들어냈습니다. 공부를 재능으
로 만들어낸 경험은 이후 제가 무언가 다시 도전할 때 윤활제 역할을 해
주었어요. 저는 목표를 세우고 그 목표를 이뤄가는 과정에서 재미를 발
견했고, 재미라는 감정은 제가 지치지 않고 움직이는 원동력이 되었습니
다. 그 과정에서 얻은 자신감과 믿음은 잠재의식 깊은 곳에 꽃피웠지요.
그리고 반복적인 공부는 재능으로 성장했습니다.

재능은 어떤 일을 하는 데 필요한 재주와 능력을 의미합니다. 즉, 어떤
일을 남들보다 쉽게 처리하는 능력을 뜻하지요. 일부 사람들은 재능이
타고나는 것이라 믿지만, 아니요. 재능은 훈련을 통해 만들어진 능력까
지도 포함하는 개념입니다. 찌질하던 제가 3년에 거쳐 '공부'라는 재능을
개발한 것처럼요.

재능이 있기에 자신감이 생기는 게 아니었어요. 생각과 반복된 행동이 자신감을 만든 것이었지요. 저는 가난과 따돌림 속에서 변화했고, 이후 어떤 상황에서도 공부했어요. 공부 전략과 계획을 세우고 시험 전날까지도 밤을 새우며 공부했습니다. 성적이 나아지기 시작하면서 재미를 느꼈습니다. 그리고 그 행동을 반복했어요.

저는 지금도 이때의 과정을 기억하면서 제가 원하는 재능을 만들어 가고 있습니다. 사람들 앞에 서는 게 여전히 두렵지만 피하지 않습니다. 제 이야기를 듣는 사람들을 위하는 마음으로 최선을 다해 준비합니다. 이번에 발표를 못 했다고 해서 다음에 포기하지 않아요. 발표 재능이 만들어질 때까지 계속 도전하면 되니까요. 글 쓰는 실력이 형편없었지만 매일 글을 썼습니다. 그리고 이제는 제 이야기를 담은 책을 펴낼 만한 재능으로 성장했습니다.

재능은 타인에 의해 정해지는 것이 아닙니다. 나의 반복된 생각과 행동, 거기에 이어지는 내 능력에 대한 믿음이 만들어낸 결과입니다.

저는 누구에게나 재능이 반드시 존재한다고 믿습니다. 재능이 없다고 생각하는 사람들은 아직 자신의 재능을 발견하지 못 했거나 만드는 방법을 모르는 것입니다. 재능이 타고나는 것이라고 믿는 사람들은 스스로가 한계를 긋고 있다는 사실을 알아차려야 해요. 그래야 재능을 만들 수 있습니다.

우리에게 충분한 능력이 있다는 사실을 믿는다면 어떤 상황이라도 최선을 다할 수 있습니다. 그 최선의 행동이 자존감이 되고 자신감이 되어, 자기 능력을 더욱 확신할 수 있게 됩니다.

재능이 있다고 믿으세요. 재능을 만들 수 있다고 믿으세요. 그리고 당신이 원하는 재능을 창조하세요.

3

편견을 이겨내고 싶다

입사 후, 저는 경상북도 구미로 발령받았습니다. 본가와는 편도 4시간 거리였죠. 비록 연고 없는 낯선 곳이었지만 저는 어디에서든 사람들로부터 인정받을 자신이 있었어요. 고등학교에서는 학교를 빛낸 자랑스러운 학생이었으며, 인턴으로 5개월 근무할 때도 선배 직원들에게 사랑받으며 지냈으니까요.

직장인 1개월 차. 타인을 향한 나의 편견

하지만 입사 후 배치된 근무지는 인턴 생활 때와 분위기가 전혀 달랐습니다. 경상도 사람들은 억양이 강해서 대화할 때 화를 내는 것처럼 느껴졌지요. 게다가 사투리가 심해서 종종 말을 이해하지 못했어요. 때로는 과격하다는 느낌도 받았습니다. 부서 간 업무 마찰로 싸움이 날 뻔했던 적도 있습니다. 팀 내에도 갈등이 있었어요. 팀 내 고참인 50대 K 과장과 40대 J 대리는 저에게 서로를 조심하라며 험담했습니다. 저는 그

험담에 가담하고 싶지 않아서 말을 아꼈지요.

　　부장은 비연고지에서 홀로 생활하는 저를 안쓰러워하며 신경을 써주
었지만, J 대리는 그 모습을 보며 이렇게 말했습니다. "부장님이 지연 씨
라면 껌뻑 죽으니까, 지연 씨가 부장님 좀 잘 케어 해봐."라고요. 팀 직원
들과 차장은 부장을 싫어했고, 부장이 잘 챙겨주는 저에게 눈치를 주었
습니다. 이러한 이유로 저는 부장을 멀리하기 시작합니다.

　　저보다 한 해 먼저 입사한 고졸 남직원과 친해지며 여러 이야기를 나
누었습니다. 그와 저는 비연고지에서 서로 의지하며 지냈죠. 이 모습을
보며 J 대리는 다른 직원들에게 그와 제가 잘 어울린다는 이야기를 하고
다녔습니다. 사귀는 거 아니냐고요. 저는 이 모든 상황이 불편했고 직원
들을 경계하기 시작했습니다. 즉, 저는 스스로 자발적 외톨이를 선택한
것입니다.

　　입사 후 8개월 동안 저의 퇴근 시간은 9시였습니다. J 대리는 제가 매
일 야근하는 모습이 탐탁지 않았는지, 퇴근길에 다가와서 이렇게 말했어
요. "일 다 끝났으면 빨리 퇴근해. 괜히 우리가 눈치 보이잖아." 저도 야
근하기 싫었습니다. 정시에 퇴근하고 싶었어요. 그런데 제 옆자리 K 과
장은 신입사원 때 야근해야 한다고 하고, 건너편 J 대리는 업무가 그리
많으냐며 빨리 가라고 하고. 저는 누구 말을 따라야 할지 혼란스러웠습

니다. 여기서 잘못 답하면 고참 직원들 간 갈등의 불씨가 될지도 모르겠다는 생각이 들었어요. 저는 서로를 험담하던 그들에게 말을 조심하기로 했습니다.

지금 생각으로는 그때 J 대리에게 제 생각을 솔직히 털어놓는 게 나았을지도 모르겠어요. 같은 업무를 하는 K 과장의 말을 따르지만 저는 야근이 싫다고 말입니다. 18살의 저는 타인의 시선이 뭐가 그리 두려웠을까요? 그들의 갈등에 왜 제가 중간에서 그렇게 눈치를 봤을까요?

오랜만에 친구와 약속을 잡았어요. 기차를 예약하고 퇴근 후 본가에 돌아갈 계획을 세웠습니다. 그리고 그날 오후, 본부에서 한 통의 메일이 옵니다. "[긴급]내일 퇴근 전까지 감사자료를 제출하시오." 자료는 대략 500건. 최소 8시간의 야근이 필요했죠. 대신 해줄 이도 없습니다. 친구에게 회사에 일이 생겨서 다음에 보자고 양해를 구했어요. 감사자료 제출의 영향으로 업무도 밀려서 다음 날 휴가를 취소하고 새벽 4시까지 야근했습니다. 쉬고 싶었는데, 쉴 수도 없게 합니다. 이런 거지같은 회사.

저는 업무가 점점 늘어나고 휴가도 쓸 수 없는 상황에서 제가 다른 이들을 위해 '희생'하고 있다고 생각했습니다. 그래서 저의 보이지 않는 희생을 누군가 먼저 알아줄 거라 기대했고 참으면 상황이 나아질 것이라 믿었어요. 사람은 기본적으로 본인 외 다른 사람의 일에 크게 관심이 없다는 걸 잘 몰랐지요. 상대가 먼저 챙겨줄 거라는 기대는 실망을 낳고,

그 실망에 제 감정이 망가지는 줄 그때는 몰랐어요.

업무가 늘어나고 야근을 매일 반복하기를 9개월 정도. 약 30명의 타지사 직원들과 함께 '스트레스 관리' 워크숍에 참가했습니다. 이곳에서 '스트레스 지수'를 검사하는 시간이 있었는데요. 검사 결과, 30명 중에서 제가 가장 스트레스가 많이 쌓여 있다는 것을 알게 되었습니다. 그동안 제 감정에 너무 무던했다는 생각에 충격을 받았죠.

저는 타인의 기분을 살피는 데 익숙했어요. 다른 사람의 기분을 맞춰주는 게 편하다고 느꼈습니다. 학창 시절 따돌림의 상처를 잘 이겨냈기에 저는 강인한 사람이라고 믿었어요. 그래서 이번에도 저는 제 감정이 어떻든 극복해낼 수 있다고 생각했습니다.

직장인 9개월 차. 나를 향한 타인의 편견

이전에 선배 직원들로부터 이런 말을 들은 적이 있습니다.

– 여직원들은 눈물 흘리면 다 해결되는 줄 알아. 아주 지긋지긋해.

– 할 말이 있으면 울지 말고 논리정연하게 똑바로 얘기해야지.

하지만, 나아질 기미가 보이지 않는 상황에서 제 감정을 주체하기란 쉽지 않았습니다. 매일 오후 9시까지 야근하던 중 저도 모르게 툭 뱉고 말았지요. "부장님, 일이 너무 많아요……." 부장은 제가 울 것 같은 표정으로 말하자 이렇게 답했습니다. "아이고, 얼마나 힘들었으면 눈물까지 글썽이냐. 뭐가, 얼마나 일이 많은 건데? 업무목록 한번 가져와 봐. 내가 검토해 보고 판단해 볼 테니까." 매일 오후 9시 이후 퇴근 기록이 적힌 보안점검 일지, 확연히 차이 나는 팀 직원들과 저의 접수 건수 목록을 보여주었습니다. 접수 건수에는 제 업무가 아닌 업무도 포함되어 있으며, 최근 다녀온 워크숍에서는 30명의 직원 중 제가 스트레스 지수가 1등이 었다는 말을 덧붙였습니다. 객관적인 자료가 보안점검 일지와 접수 건수 뿐이라는 게 아쉬웠지만 제가 보여줄 수 있는 모든 걸 어필했습니다.

그리고 다음 날, 부장은 차장에게 업무 분장을 다시 조정하라고 지시한 것 같았어요. 차장이 저에게 다가와 업무분장에 대해 말했지요. "지금 인원도 없는 상태인데, 네 업무를 빼면 그걸 줄 곳이 없어. (웃음) 아님 네가 다른 직원들한테 말해볼래?" 이 이야기를 선배 직원에게 했더니 이렇게 답하더군요.

"차장이 나서기 싫어서 그런 거네. 네 편을 들면 힘들어질 게 뻔히 보이니까 굳이 수면 위로 드러내고 싶지 않은 거지. 차장은 문제없이 편하게 있다가 가고 싶은 거야."

저는 친구들의 뒷말로 따돌림을 당한 경험이 있었기에, 특히 뒷담화 하는 사람들이 싫었어요. 서로 배려하면서 지내면 되는데 왜 갈등을 만드는지 이해되지 않았지요. 일이 많아져도 공평하게 분배하지 않는 상황이 억울하게 느껴지고 제가 일이 많다고 표현해도 조용히 넘어가려는 차장이 미웠습니다. 도와주는 사람이 없다고 생각했고 이런 불행한 상황이 제게만 일어나는 것을 원망했습니다. 상황이 바뀌길 원하고 주변 사람들이 저를 이해해 주길 바랐습니다.

그럴수록 분노와 불만이 쌓여가고 저녁마다 친한 직원들에게 마음속 불만을 털어놓았어요. 그들은 저를 이해하고 위로해 주었고 위로받은 당시에는 기분이 조금 나아졌죠. 하지만 다음 날도, 그다음 날도 상황은 변함없었어요. 마치 고장 난 바퀴가 돌아가는 느낌이었습니다. 세상이 저에게만 가혹한 시련을 준다는 느낌이 들었지요. 잘못된 상황이 반복되는 모습을 보며 저는 점점 지쳤습니다. 저는 이 상황이 변화하기를, 좋은 사람들이 찾아오기를 간절하게 바랐어요. 친한 동료 직원의 이해와 위로는 임시적인 조치에 불과했습니다. 결국 사람과 상황은 바뀌지 않았으니까요.

4

해결책을 못 찾겠다

직장인 9개월 차. 참으면 알아줄 거야

입사 초기에는 비자발적으로 야근하며 일을 배웠습니다. 3개월 차에는 매월 지연 사항을 확인하는 업무를 N 과장에게 넘겨받으면서 일이 늘었고, 7개월 차에는 고졸 남직원의 휴직으로 인해 업무분장에 보이지 않는 업무가 늘어났습니다. 계약직이 할 수 없는 업무가 옆자리 K 과장에게 넘어왔어요. 그런데 계약직 여직원은 건너편 여자 대리들과 함께 일하게 되었지요. 덕분에 차장과 팀 내 여자 대리들은 여유가 생겼습니다. 그와 반대로 저는 계약직 직원 채용부터 운영까지 계약직과 관련된 모든 제반 사항을 관리해야 했습니다. 저는 시간이 지날수록 업무가 버거웠지만 제 업무량을 신경 쓰는 이는 없었습니다.

어느 일요일 저녁, 구미로 내려오는 기차 안에서 야근을 반복하는 제 모습이 떠올랐어요. 의자에 기대앉아 조용히 울었습니다. 숨이 막힐 듯 힘들었고 지쳤어요. 저 혼자 허덕이고 있는 듯한 이 모든 상황이 원망스러웠습니다. 세상에 존재하는 모든 게 다 싫어졌고 다 버리고 도망가고 싶었어요. 하지만 엄마의 말대로 감정적인 이유로 회사를 나가면, 이름 있는 회사에 제가 다시 들어올 수 있을지 모르겠다는 생각에 불안했지요. 힘들긴 하지만 불확실한 미래보다 확실한 현재가 낫다는 판단에 마음을 다잡기로 했습니다. 저는 어쩔 수 없는 상황이라 생각하며 스스로를 다독였습니다.

'내가 조금 더 일하자. 그러다 보면 인정받을 수 있을 거야. 그들이 먼저 다가와서 고맙다고 해주겠지.'

저는 기대가 제 감정을 더 깊숙이 깔아뭉개고 있다는 사실을 몰랐습니다. 제가 말하지 않아도 그들이 알아줄 것이라 기대했어요. 그리고 그 기대가 충족되지 않을 때 실망이 따라오는 건 당연한 순서였지요. 제 생각과 감정을 제대로 표현하지 않아 곪아버린 마음은, 실망감까지 처리하기엔 힘이 부족했습니다.

직장인 10개월 차. 출장비 지급 사건

다음 날, 마음을 다잡기로 했는데 뒤편에서 여자 대리들과 차장이 웃으면서 떠드는 소리가 들립니다. 얼마 전 차장은 '인원이 없어서' 업무분장을 재조정할 수 없다고 말했지요. 그런데 그들은 저와 달리 여유롭게 담소를 나누고 있었습니다. 저는 그들의 웃음소리를 듣기 싫어서 일하다 말고 손으로 귀를 막았어요. 그리고 눈을 감고 마음을 다스리자고 스스로를 토닥였습니다. 매번 표현하지 않고 혼자서 참기만 하니 감정 기복이 심해졌지요. 어느 날은 누가 저를 부르는 것조차 화가 나는 지경이 이르렀어요.

그리고 사건이 터졌습니다. 계약직 남직원이 그동안 차장과 다녀온 출장에 대해 출장비를 달라고 요구했어요. 안 그래도 바빠서 울고 싶은데 그걸 왜 저한테 물어보는 건지 야속했어요. 여자 대리들하고 담소 나눌 때나 차장과 출장 나갈 때 물어봐도 될 텐데 말이지요. 꾹 참았어요. 그리고 그가 보는 앞에서 즉시 인사 담당자에게 전화를 걸었습니다. "우리 팀 계약직분이 고객만족도 활동 때문에 다녀온 출장비를 달라고 하는데 가능한가요?" 돌아오는 답변은 명쾌했어요. "근로계약서에 쓰여 있듯 그분의 업무는 '고객만족도 활동 보조'예요. 따라서 그 업무를 수행하기 위한 출장이라면 출장비 지급이 불가합니다."

전화를 끊고 그에게 그대로 전달해 주었습니다. 하지만 그는 저에게 정확한 거냐며 몇 번을 되물었고, 저는 바로 앞에서 듣고도 제게 따져 묻는 그에게 화가 났습니다. "저도 물어보고 나서 답변 드린 거잖아요. 위에서 안 된다는데 제가 어떻게 하나요?" 그는 계속 민원을 제기했고 결국 제 분노는 터졌습니다. "아니, 근로계약서에 쓰여 있는 '본연의 업무'를 하기 위한 출장이라 안 된다고 하잖아요! 일단 뭘 원하는지 알겠으니까 차장님 오시면 말씀드릴게요!"

약 30분 뒤, 차장이 출장에서 복귀하는 걸 보자마자 저는 차장에게 달려갔어요. 그리고 아까 전 상황을 구구절절 설명하기 시작합니다. "계약직 남직원이 지금까지 나간 출장비를 지급해달라고 했고, 인사 담당자는 본연의 업무로 출장에 다녀온 것이기에 지급불가하다고 말했다…"

보고하던 중, 여자 대리들과 계약직 직원들이 저와 차장에게 다가왔습니다. J 대리는 차장을 향해 말합니다. "차장님, 그냥 출장 목적을 '고객만족도' 말고 다른 사유로 적어서 주면 되는 거잖아요?"

그녀의 말을 듣자마자 차장은 고개를 끄덕였습니다. 일순간 그 자리에 있던 사람들은 저를 바라보았습니다. 제 입장을 말하려고 하자, 그녀는 저를 똑바로 쳐다보며 말합니다. "그러니까 다른 업무로 출장 다녀왔다고 하고 주면 되잖아! 그냥 해주면 되는 걸 왜 이렇게 일을 크게 만들어! 아, 어린 애들하고 근무하기 힘들어. 우리 지사가 무슨 신입사원 양성소도 아니고."

저는 이날, 개방된 사무실에서 큰 소리로 저를 책망하는 상황에 수치심을 느꼈습니다. 제 편이 되어줄 만한 옆자리 직원들은 큰 소리가 들렸을 텐데 못 들은 건지, 컴퓨터만 보며 조용히 일하고 있었지요. 이 공간에 제 편은 아무도 없었어요. 저는 불안해졌습니다. 이 불안감은 과거 친구에게 따돌림 당하기 직전에 받았던 싸한 느낌과 같았지요. 학창 시절처럼 회사에서도 따돌림을 받게 될까 봐 두려웠어요. 저는 제 탓이라 결론짓는 그들을 설득시킬 자신이 없었고 입을 다물었어요. 점심시간이 되어 상황은 일단락됩니다.

　그녀 무리는 저를 두고 구내식당에 갔어요. 혼자 나가서 먹을까 고민 했지만, 점심시간 직전 저의 굴욕적인 모습이 J 대리를 통해 다른 직원들에게 웃음거리로 전해질까 봐 무서웠습니다. 그래서 저도 아무렇지 않은 척 혼자 구내식당으로 향했어요. 그때 제 모습은 마치 미운 오리 새끼가 둥지에서 밀려 나가지 않기 위해 둥지 끝자락을 잡고 있는 것처럼 보였지요.

　그녀 무리를 구내식당에서 다시 마주쳤어요. 그녀는 차장에게 조용히 소곤거리고 있었고, 차장은 그 말을 들으면서 저를 째려보고 있었습니다. 차장의 눈빛에 살이 벨 듯 아팠어요. 손끝이 차가워지고 심장이 빠르게 뛰었습니다. 다리에 힘이 풀렸지만 고개를 흔들어 정신을 단단히 잡았습니다. 평소의 절반만 배식 받았어요. 테이블에 혼자 앉아 음식을 입에 넣으며 생각했습니다. '내가 그리 크게 잘못한 건가? J 대리 말처럼 알아서 융통성을 발휘했어야 하는 걸까.'

　음식을 씹는데 침도 안 나옵니다. 입안의 텁텁한 반찬들은 가시 같았고 음식을 삼키려고 해도 목구멍이 허락하지 않았어요. 가까이 있던 냅킨을 몇 장 뽑아 입안의 음식을 뱉어내고 남은 음식을 모두 버렸습니다. 그 순간, 이런 생각이 들었어요. '나 여기서 뭐 하는 거야? 아무 연고도 없는 곳에서 매일 야근하고, 휴가도 제대로 못 쓰고. 이젠 공개적으로 망

신까지 받았네.'

눈물이 떨어지기 무섭게 옷으로 닦아냈어요. 직원들이 있는 곳에서 눈물을 보이고 싶지 않았습니다. 누군가에게는 별거 아닌 일일 수도 있으니까요. 사람들이 어린 여직원이라서 사소한 일에 운다고 생각할까 봐 겁났어요. 다른 직원들이 저를 눈물 흘리면 해결되는 줄 아는 귀찮은 존재로 볼까 봐 무서웠어요.

학창 시절, 저는 자신감이 넘쳤습니다. 그러나 이 문제에 대해서는 해결책을 찾지 못했어요. 살아온 환경이 다른 비연고지에서의 첫 사회생활이었기에 더욱 버겁게 다가왔을지도 모릅니다.

10년간의 회사생활 동안, 원치 않아도 해야 하는 상황들이 빈번하게 발생했습니다. 현재도 옆자리 직원이 두 달간 병가를 내서 제가 그 업무를 대행하고 있는 상황입니다. 원치 않는 상황은 직장인이라면 누구나 겪을 수 있는 고질적인 문제이지요. 처음에 저는 이런 상황이 혼란스러웠어요. 전쟁이나 무질서한 정치로 살기 힘든 세상을 '난세'라고 하는데요, 제 마음속 세상이 난세였습니다.

사실은 그동안 제가 집중하고 있는 것은 통제할 수 없는 것들이었습니다. 또한 바뀌지 않는 상황들을 탓하고 있었습니다. 저는 이때, 다른 사람이나 상황을 탓하는 태도가 악순환을 만들어 제 감정을 난세로 만들고 있었다는 사실을 깨닫지 못했어요. 그리고 감정의 난세에서 완벽히 벗어날 방법은, 자신의 마음을 다스리는 방법뿐이라는 진실을 이후에 알아차렸습니다.

5

이 시기도 지나갈 거야

연고지 없는 지역에서의 첫 사회생활은 세상에 혼자 남겨진 기분이었습니다. 처음에는 험담과 갈등이 자연스러운 문화가 싫어서 어울리지 않았습니다. 그리고 '고졸 어린 여직원'이라는 선입견이 싫어서 주는 대로 업무를 받았어요. 계속되는 야근에 휴가까지도 포기해야 하는 상황이 되자 삶의 균형이 망가진 것 같았죠. 이 상황을 이겨내고자 여러 가지 방법을 생각해 봤습니다.

'퇴근 후에 운동해 볼까? 사택 근처 헬스장을 찾아보자. 가장 가까운 곳이 걸어서 20분에서 30분 거리구나. 그래, 나는 자격증 따는 게 즐거웠지. 학원에 다녀볼까? 걸어서 30분이구나. 도서관은, 걸어서 20분이네. 그럼 카페는, 걸어서 20분.' 아파트 바로 옆 건물부터 큰 공단이 있었습니다. 공단 근로자들이 거주하는 원룸촌이 대부분인 동네였어요. 주황빛 가로등이 간간이 설치된 동네는 금방이라도 무언가 튀어나올 것 같았습니다. 날이 어두워지면 혼자 다니기 무서웠어요.

생각해 보니 매일 9시까지 야근하면 퇴근 후에 할 수 있는 게 없었습니다. 이른 나이에 취직했지만 사실 저는 겁도 많고 무서운 것도 많은 어린 아이일 뿐이었지요. 기댈 곳 없던 제가 이곳에서 삶의 균형을 찾으려면 무엇을 해야 했을까요?

나를 받아줄 곳이 없을지도 몰라

입사 직후, 저는 어디서 무슨 일을 하든 잘할 거라는 확신이 있었습니다. 그래서 업무량이 점점 늘어나고 원치 않는 야근이 계속될 때, 퇴사하고 대학에 입학할까도 생각했어요. 그 생각을 엄마에게 말하면 항상 반대에 부딪혔습니다. "지연아, 네가 몰라서 그러는데 사기업이 공기업보다 더 힘들어. 그리고 네가 퇴사하면 다시 입사할 수 있을 것 같아? 대학교 졸업해도 취업하기 힘든 게 공기업이야. 정신 차려."

생각해 보니 이 회사에 재입사를 원한다면 높은 토익 점수가 있어야 한다는 사실이 떠올랐습니다. 영어가 싫었던 저는 자신감이 떨어졌어요. 게다가 엄마의 말은 저를 사랑하고 아끼는 마음에서 나온 걱정 어린 조언일 테니 틀림없겠죠. 그래서 생각을 바꾸기로 했어요. 저는 저에게 암시를 걸었습니다. '지금 내가 느끼는 고통은 사기업보다 훨씬 나은 거야.' 그렇게 퇴사 생각은 머릿속에서 점점 사라졌어요.

이 회사 외에는 다른 선택지가 없다고 생각하자, 제 관심사는 온통 회사로 채워졌지요. 정년까지 40년 간 회사를 다니려면 회사 내의 평판을 신경 쓰고 구설에 휘말리지 않도록 조심해야 했습니다. 고졸이라는 편견을 깨고 회사에서 인정받고 싶어졌습니다. 시간이 흐르고 업무량이 증가했지만 참았습니다. 업무 때문에 휴가를 못 내도 참고, 차장이 업무 재조정을 혼자 해결하라고 할 때도 참았어요.

룸메이트 직원의 말처럼 신입 사원 시절의 고난은 향후 회사생활을 편하게 해줄 거라 믿었어요. 힘든 시기는 저를 더 단단히 뿌리 내리게 할 것이며, 태풍이 지나가듯 이 시기도 지나갈 거라 생각하며 스스로를 다독였습니다.

직장인 10개월 차. 자살까지 상상했어

이후 '출장비 지급 사건'이 터졌습니다. 이 사건 이후 화해하자며 다가온 J 대리가 저에게 한 말. "내 딸은 너처럼 키우지 말아야겠다." 제 존재 자체를 부정하는 느낌이었습니다. 이때부터 삶의 의욕을 잃었어요. '내가 크게 잘못한 건가?'라는 생각에서 '내가 모자란 건가?'라는 자기 비하로. '이렇게까지 무시당하고 구박받을 일인가? 너무하다.'라는 생각에서 '내가 못난 거야. 다른 사람들은 다 잘 이겨냈는데, 내가 멍청하니까 저런 말이나 듣고 있는 거야.'라며 자기혐오로 바뀌었어요. 이윽고 자살이라는 생각에 도달합니다. '내가 자살하면 사람들이 나를 가엾게 여길 거야.' 자살 이후 모습을 상상합니다.

'바닥에 피를 흥건하게 적신 채로 싸늘하게 죽어 있으면 사람들이 많이 놀라겠지? 단번에 그으면 고통도 느낄 새 없을 거야. 그리고 여긴 회사 사택이니까 내가 죽으면 회사 사람들이 금방 발견할 거고. 그리고 유서에는 내가 누구 때문에 얼마나 힘들었는지, 사람들이 이 상황을 얼마나 관망하고 있었는지 써 놓는 거야. 그럼 내 죽음은 그 사람들에게 평생 꼬리표로 남겠지? 흐흐. 상상만 해도 통쾌하다.'

저 자신을 자해하면서까지 J 대리와 차장, 그리고 저에게 상처를 준 모든 이의 삶에 피해를 주고 싶다고 상상했습니다. 미칠 것만 같았어요. 한마디로 제 상태는 '정신병 걸리기 일보 직전'이었습니다.

그 순간 떠오른 사람은 엄마. 저는 중학생 시절에 엄마의 헌신을 잊을 수 없습니다. 집안이 기운 상태에서도 엄마는 부모로서의 책임을 다했습니다. 아침에는 신문과 우유배달, 점심에는 공장에서 막노동, 저녁에는 부업거리를 가져와 일했어요. 자기 몸이 부서질 듯 일하며 사랑으로 키워 온 딸이, 엄마 힘들지 말라며 무엇이든 혼자 알아서 척척 해내던 딸이 갑자기 죽는다면? 딸에게 퇴사할 생각은 하지도 말라고 만류했는데 회사 때문에 스스로 제 목숨을 끊는다면? 저는 그 순간, 다른 무엇보다 평생 가슴에 죄책감을 느끼고 살아갈 엄마의 슬픈 얼굴이 떠오르며 정신을 차렸습니다. 저는 사랑하는 엄마에게 절대로 상처 주고 싶지 않았으니까요.

그리고 마음을 가다듬었습니다. 차분하게 다시 생각하기로 했죠. 어떤 선택이 저에게 더 유리한지 생각하고 또 생각했습니다. 제가 그들 때문에 자살하면 그들은 잠시 깜짝 놀랄 수 있습니다. 하지만, 그들의 죄책감이 우리 엄마보다는 크지 않을 테지요. 오히려 평생 미안함에 젖어 사는 쪽은 제가 증오하는 그들이 아니라, 제가 사랑하는 가족이 될 것입니다. 여기서 제가 내린 결론은, '자살은 나에게 완벽한 손해'라는 사실입니다. 그래서 자살은 포기하기로 했습니다. 사랑하는 우리 엄마를 위해서요.

사랑하는 엄마를 떠올려서 그런지, 더 이상 저 자신을 자해하고 싶은 생각이 들지 않았어요. 이어서 제가 태어난 이유를 생각합니다. 제가 세상에 태어난 이유는 불행해지기 위해서가 아닙니다. 저에게 상처 준 사람들에게 정성을 쏟으려고 태어난 게 아니에요. 우울하고 파괴적인 생각은 버리고 건설적인 생각을 하기로 했습니다. 앞으로 어떻게 할 것인지 계획을 세워 헤쳐가기로 굳게 결심합니다.

첫 발령지 구미는 저에게 부정만을 주는 공간이었습니다. 사람들에게 인정받고 싶었지만 이미 저에 대한 선입견으로 얼룩져 버린 이곳에서는 다시 시작할 수 없다고 생각했어요. 그리고 중요한 사실이 떠올랐습니다. 몇 달 뒤에 새로운 근무지로 이동할 수 있는 정기 이동 기간이 있다는 것이었죠. 다가오는 정기 이동 기간에 반드시 이동하겠다는 각오를 다지며 잠에 들었습니다. 이 각오는 퇴사 후에 대한 불안감을 떨쳐버릴 정도의 굳건한 결심이었습니다.

스스로 일어날 힘이 없는 너에게

세상은 이겨낼 수 있는 시련만을 준다는 말이 있습니다. 이 믿음은 제가 학창 시절에 가난과 따돌림 속에서도 '공부'를 결단하고 변화할 힘을 주었어요. 그동안 뒷담 문화, 선배 직원들의 갈등과 업무량 증가, 계속되는 야근에도 이 믿음이 저를 지탱해 왔습니다. 그러나 '출장비 지급 사건' 이후, 제 마음은 무너져서 자살까지 고려할 정도로 힘들었습니다. 더 이상 스스로 버티고 일어날 힘이 없었죠. 따라서 지금의 제가 과거로 다시 돌아간다고 해도 구미를 벗어나겠다는 결심은 똑같을 것입니다.

과거의 저처럼 스스로 일어날 힘이 없는 이들에게 이 말을 꼭 전해주고 싶습니다.

"자살을 생각할 정도로 힘들다면, 스스로 이겨내기는 어려울 거예요. 이제 그곳을 벗어나서 새롭게 시작해도 괜찮아요. 대신, 자신에게 유리한 생각을 선택하세요. 나를 믿어주고 사랑하는 사람들을 위해서요. 그리고 가장 중요한 '나 자신'을 위해서 말입니다. 나를 힘들게 하는 이들에게 '복수'하기 위해 자살을 선택하는 것만큼 미련한 선택은 없습니다. 당신이 죽는다고 해서 그들은 죄책감을 느끼지 않아요. 오히려 맷집이 더 세질지도 모르죠. 그러니까 무조건 자신에게 이익이 되는 생각을 선택하시길 바랍니다. 나의 귀한 친구인 당신이 행복해지길 진심으로 응원해요. 그리고 당신은 당신 자신에게 유리한 선택을 할 거라 믿습니다."

6

여기만 벗어나면
괜찮을 거야

직장인 10개월 차. 감정 없는 로봇이 되다

전날에 자살까지 상상했지만 달라진 것은 없었어요. 다음 날은 돌아왔
고 평소와 다름없이 출근했어요. 팀 내에 저를 위해주는 사람은 여전히
없었습니다. 저는 반드시 이곳을 벗어나겠다는 결심을 하고부터 회사에
서는 감정을 내보일 필요가 없다고 생각했습니다. 그래서 출근할 때 제
영혼을 이불 속에 고이 모셔두고 육체만 출근했어요. 마치 로봇처럼요.
내방 고객이 오면 어서 오시라 인사를 하며 응대하는 로봇이 되었습니
다. 삐-삐비빅. 팩스와 인터넷으로 들어오는 업무를 처리하는 로봇이 됐
죠. 삐비-삐비빅. 서류를 검토하는 로봇과 전화를 받는 로봇, 중계표를
처리하는 로봇. 삐---비빅. '하기 싫다', '재미없다'라는 생각조차 버렸
습니다. 그냥 매일 반복하면서 정기 이동 기간이 오기만을 기다렸어요.

감정을 버리고 해탈하고 나니 '출장비 지급 사건' 이후 별다른 사건은
없었습니다. 회사 사람들이 저를 관심 직원으로 두었기 때문일 수도 있

어요. 아니면 제가 이곳에서 인정받기를 포기했기 때문일 수도 있지요. 금요일 저녁에 본가로 퇴근해서 일요일 점심에 출근. 반복되는 업무. 한결같은 야근. 저는 아무 일 없었던 것처럼 다시 일상을 반복하는 쳇바퀴 속의 다람쥐가 되었습니다.

정기 이동 기간을 기다리던 중, 사무실 분위기가 환기되었습니다. 신입사원 발령이 있었어요. 우리 팀에 2명이 배치되었고, 계약직 직원들은 계약 종료 기간에 맞춰 근무가 종료되었습니다. 덕분에 제 업무는 줄어들었지요. 그들을 관리할 필요가 없어졌고 그들에게 부여할 수 없었던 업무도 제자리로 돌아갔어요. 그리고 팀에 젊은 직원들이 늘어나서일까요? 서서히 분위기가 변하기 시작했습니다.

직장인 1년 3개월 차. 여기만 벗어나면 돼

분위기는 바뀌고 있었지만 저의 결심은 변함없었습니다. 제 인생이 행복해지기 위해서 구미를 반드시 벗어나겠다는 굳은 결심 말입니다. 드디어 직원 정기 이동 기간이 찾아왔습니다.

회사에는 '인사이동 마일리지 제도'가 있습니다. 본가인 수도권으로 근무지를 옮기기 위해서는 10점 이상의 높은 점수가 필요했지요. 하지만 입사 1년 3개월 차인 저는 5.3점이었습니다. 즉, 이번 정기 이동 기간에 수도권 근무지로의 이동은 어림없다는 의미입니다. 하지만 저는 더 기다릴 생각이 없었어요. 왜냐하면 저의 인사이동 목적은 이곳을 벗어나는 것이었기 때문입니다. 그리고 이동 희망지를 아래와 같이 제출합니다.

- 1지망 : 홍보실
- 2지망 : 대전충남지역본부

선배 직원의 조언에 따라 인사이동 신청 마지막 날에 차장에게 보고하기로 했어요. 보고 전 많은 생각이 들었습니다. '가지 말라고 하면 어쩌지? 1년 3개월 차 신입이 벌써 떠나려고 한다면서 괘씸하다고 생각할지도 몰라.' 어떻게 말해야 할지 수십 번을 고민했어요. 그리고 신청 마지막 날 오후, 저는 용기를 냈어요. 눈치를 살피다가 차장의 자리에 갔습니다. "저, 차장님. 저 이번에 이동 희망지를 제출했습니다." 그 말을 들은 차장이 조소 섞인 웃음을 지으며 말합니다. "써. 써. 원하는 곳 다 써." 반응이 이상했지만, 저를 막지 않겠다는 말에 안도하였습니다. 이어서 차장은 비웃음 섞인 어조로 이렇게 말합니다.

"내가 진실을 말해줄까? 너는 어리고, 고졸에, 여직원이라서 네가 가고 싶다고 해도 너를 원하는 곳은 아무 데도 없어."

이 말을 듣자마자, 피가 거꾸로 흐르는 듯했어요. 하지만 과거의 저는 반박하는 말도 못 하고 듣고만 있었지요. 저를 싫어하는 사람들과 함께하는 이 공간이 답답해서 숨이 막힐 것 같았습니다. 마치 우유 없이 고구

마를 욱여넣는 것처럼 말입니다. 그리고 저는 차장을 한 방 먹일 결과를 다짐했어요.

'두고 봐. 내가 보란 듯이 여기보다 좋은 곳에 갈 테니까.'

며칠 후, 발령공문이 올라왔어요. 저는 '대전충남지역본부'로의 이동이 확정되었고, 발목에 묵직하게 걸려 있던 족쇄가 풀린 것 같은 해방감을 느꼈습니다. 1년 3개월. 다른 직원들보다 조금 더 빨리 이동하게 되었죠. 저는 이동 시기와 인연이 잘 맞았던 덕분에, 본가와 가까운 충청남도 천안으로 이동할 수 있었습니다. 본가와의 이동 거리는 1/3배로 확 줄어들었고 교통수단 또한 훌륭했어요. 지하철 1호선, 기차, KTX, 편도로는 최소 1시간 만에 본가를 오갈 수 있게 되었습니다. 아주 완벽했지요. 이제 원한다면 평일 퇴근 후에 본가에 다녀올 수도 있는 거리가 되었습니다. 특히나 이제부터 일요일 점심 출근이 아니라 월요일 아침 출근이 가능해졌다는 사실에 너무 행복했습니다!

사실 이보다 더 큰 기쁨이 있었어요. 제가 '어린 고졸 여직원'이라 저를 원하는 곳이 없다며, '진실을 가장한 막말'을 선사했던 차장에게 멋진 결과로 보답할 수 있었기 때문입니다. 차장은 저를 자기만의 기준으로 멋대로 평가하며 막말을 쏟아냈습니다. 하지만 그의 생각은 정확히 10일 후에 반대로 이루어졌습니다. 사이다를 삼킨 듯 속이 시원해졌어요. 그래서 저는 8년 후인 지금도 이때의 상황을 감사하게 여기고 있습니다. 왜냐하면 타인의 주관적인 생각에 저를 맞출 필요가 없다는 근거가 되어주었으니까요.

상처받고 싶지 않은 너에게

입사 1년 3개월만의 인사이동은 18살의 제가 극단적인 생각을 한 직후에 내린 계획의 결과입니다. 그렇기에 과거로 돌아간다고 해도 제 선택은 그때와 같을 것입니다. 그런데 이 선택에서 제가 간과한 사실이 하나 있습니다. 저는 이 모든 문제를 남 탓과 환경 탓으로만 돌리고 있었어요. 이때 저는 새로운 곳에서 다른 사람들과 지내면 이 고통이 사라질 줄 알았습니다. 사람과 환경이 달라지면 자연스럽게 해결될 줄 알았지요. 한 번쯤은 저에게 찾아온 문제의 원인을 직시했다면 좋았을 것입니다. 그래야 다음에 찾아온 비슷한 시련도 거뜬히 이겨낼 테니까요.

저는 남 탓, 상황 탓만 했기에 제가 변화해야 할 필요성은 못 느꼈습니다. 그저 저를 힘들게 하는 이 공간을 벗어나기만 하면 해결될 거라 생각했죠. 선입견 가득한 시선으로 저에게 상처를 준 그들이 나쁜 사람이라고 생각했어요. 그래요. 누군가에게 상처 준 그들이 나쁠지도 모릅니다. 그런데 저는 이후에 깨달았습니다. 남 탓, 상황 탓을 하면서 원망하는 태도로는 주위 사람과 상황이 바뀌지 않는다는 사실을요. 지금의 저는 학창 시절에 저를 따돌렸던 가해자들과 구미의 J 대리, 그리고 차장에게 감사함을 느낍니다. 그들에게 상처받지 않았다면, 어쩌면 저는 아직도 온실 속 화초처럼 살고 있을지도 모르니까요.

상처받은 기억이 오랫동안 저를 괴롭혔습니다. 혹시 그 이유가 저와 같은 상처를 받지 않도록 타인을 도와주라는 '세상의 선물'이 아니었을까요? 그냥 저는 그렇게 믿기로 했습니다.

제 인생에 찾아왔던 모든 시련은 저에게 '행운'이었어요. 덕분에 저는 고등학생 시절 큰 성과로 교만해졌던 태도를 바꿀 수 있었습니다. 다양한 상처를 공감하는 넓은 마음을 가지게 되었고 필요한 조언을 줄 수 있는 사람이 되었어요. 그리고 누군가의 성장과 변화를 진심으로 도와주는 사람이 되었습니다.

과거의 저 자신에게도 항상 '감사'합니다. 과거의 제가 많은 생각을 하고 다양한 감정을 느껴준 덕분에 학력, 나이, 성별 상관없이 사람을 폭넓은 관점으로 바라볼 수 있게 되었으니까요. 과거의 제가 어떤 어려움에 직면해도 끝까지 살아 있어준 덕분에 제 경험을 누군가에게 전해줄 기회가 찾아왔습니다.

제2장

새로운 환경,
인정받을 기회

1

고졸 여직원의 선배 자존심

새로운 근무지에 출근하는 첫날입니다. 캐리어를 끌고 기차에서 내렸어요. 천안역입니다. 숨을 깊게 들이마시었다가 천천히 내뱉습니다. 속으로 외칩니다. '여기서 새로운 생활을 다시 시작하는 거야!'

"안녕하십니까!" 사무실 문을 열고 당차게 들어갔어요. 쭈뼛거리며 첫인사를 했던 구미와는 달랐습니다. 저는 총무 업무를 맡게 되었고 회계, 엑셀 작업 등 저의 재능을 살릴 수 있을 거라는 생각에 들떴습니다. 단순 반복적인 업무만 하던 구미와는 다르게 느껴졌지요. 살갑게 말을 걸며 다가오는 선배 직원들에게 감사했습니다. 구미에서는 무심하고 딱딱한 느낌이었거든요. 전임자의 직무를 그대로 이어받아 업무를 익히는 데, 쉽게 느껴졌습니다. 무엇보다 이전처럼 외부 고객을 응대하지 않아도 되는 것에 감사했어요. 이제 외부 고객 신경 쓸 필요 없이 일할 수 있게 되었습니다.

회사와 사택은 걸어서 5분 거리. 번화가도 걸어서 10분 거리에 있었습니다. 야근한다고 해도 여가 생활을 마음껏 즐길 수 있는 환경이었지요. 그것으로도 감사했는데 정시 퇴근도 할 수 있게 되었어요. 업무도, 팀 직원들도 모든 게 완벽했습니다. 그동안 힘들었던 마음에 보상받은 느낌이 들었죠. 새로운 근무지에서 다시 시작할 수 있다는 사실이 가장 행복했어요. 제가 바라던 대로 사람과 환경 모두 바뀌었습니다. 뭐든 해낼 것 같은 자신감이 올라왔고 향후 회사생활은 행복할 거라는 기대감에 부풀었습니다.

직장인 1년 4개월 차. 조금 외롭지만 괜찮아

이 좋은 환경과 사람들 사이에 약간의 문제라면 또래 직원들과 조금 겉돈다는 것입니다. 사무실이 떨어져 있기도 하고 그렇다고 제가 먼저 다가가서 친해지려고 하지도 않았습니다. 그러다가 룸메이트 직원에게서, 얼마 전 사택에서 24세 고졸 여직원과 37세 여자 대리가 크게 싸웠다는 사실을 듣게 됩니다.

고졸 여직원이 아침에 부엌에서 흥얼거리면서 아침 식사를 준비하던 중, 여자 대리가 시끄럽다고 화를 내면서 싸움이 일어났다고 합니다. 그래서 고졸 여직원은 정신과 진단서를 받아 병가 중이라고 말했어요. 그녀는 그들이 갈등을 일으킨 일도, 고졸 여직원이 그 일로 병가를 낸 상황도 언짢은 기색이었습니다. 마지막에는 저에게 이렇게 말하더군요. "나도 먼저 들어왔다고 해서 내 멋대로 하지 않을 테니까, 지연 씨도 마찬가지로 조심하자고요. 우리는 서로 배려하면서 살아요." 그녀가 저에게 이 말을 꺼낸 목적은 저와 대화하고 싶어서가 아니라, 서로 분란 만들지 말 자는 말을 하기 위해서였습니다.

룸메이트 직원의 이야기를 듣고 두 가지 생각이 들었습니다.

첫 번째는 그녀와 거리가 느껴지는 이유였어요. 저는 다른 이들에게 먼저 다가가지 않았지만 같은 사택에서 지내는 그녀와는 잘 지내고 싶었 습니다. 왜냐하면 구미에서 룸메이트 직원과 서로를 위해주며 지냈던 감 정을 천안에서도 느끼고 싶었기 때문입니다. 그래서 저는 그녀에게 살갑 게 대화를 시도했습니다. 하지만 얼마 이어지지 않고 뚝뚝 끊기는 느낌 을 받았지요.

그녀는 가끔 또래 직원들과 저녁 모임을 한 후 들어왔어요. 저는 전입 한 지 2개월이 지난 후에도 직원들과 저녁 식사를 한 적이 없었죠. 그녀 는 유독 저에게 말 한마디가 조심스러운 것처럼 보였지만 다른 직원들과 즐겁게 어울렸어요. 저는 그녀의 모습을 보며 위화감을 느끼다가도, '그 래. 편한 사람과 어울려야지.'라고 생각하며 스스로를 위로했습니다.

룸메이트 직원에게 보이지 않는 벽이 느껴졌어요. 그 이유를 '고졸 어 린 직원'이라는 선입견과 연결하자 그녀가 저를 경계하는 이유를 짐작할 수 있었습니다. 그녀가 직접 표현하지 않는 이상 짐작만으로 선입견이라 단정할 수는 없었지만요. 어차피 제가 먼저 다가갈 용기가 없으니 속상해하지 않기로 합니다.

두 번째로 든 생각은 '그 고졸 여직원 대단하다.'입니다. 정말이에요.
나이 많은 선배라고 해서 주눅 들지 않고 자기주장을 하며 당당하게 맞
서 싸운 모습이 멋있어 보였습니다. 룸메이트 직원의 이야기를 듣고 난
후, 여직원 간 싸움에 대처하는 선배 직원들의 모습을 관찰했습니다. 이
곳에는 여직원들의 해결사가 존재했어요. 당사자 간 입장을 모두 들으며
일을 원만히 해결하려는 천안의 '왕 언니'였지요.

분위기가 구미와는 전혀 달랐습니다. 두 지역 모두, 비연고지 직원 수
는 비슷했지만 구미에서는 비연고지 직원을 '어차피 갈 사람'으로 대했어
요. 하지만 천안에서는 어느 누구든 '있는 그대로의 모습'으로 봐주었지
요. 그래서 저는 '천안으로 이동하길 잘했다'는 확신이 생겼습니다. 그렇
기에 또래 직원들과 조금 겉도는 느낌은 큰 문제가 되지 않았어요. 퇴근
후 혼자만의 시간도 외롭지 않았지요. 오히려 혼자서 이곳, 저곳을 탐방
하며 걸어 다니는 게 즐거웠습니다. 전에는 느껴보지 못한 자유와 해방
감에 감사했어요.

직장인 1년 7개월 차. 나이 많은 후배 직원의 등장

평화롭게 지낸 지 약 4개월 후, 옆자리 선배 직원의 이동이 있었습니
다. 그리고 들어온 직원은 사기업 7년 경력, 15살 많은 신입 직원이었습

니다. 그는 회사에서 후배였지만 경력과 나이는 저보다 한참 많았어요. 이른 나이에 취직한 저는 이 관계가 매우 불편했죠. 이 직원의 호칭은 뭐라고 불러야 할지, 그는 저를 뭐라고 불러야 할지 고민이 많았습니다. 처음에 제가 K 씨라고 부르니까 옆자리 O 과장이 저보고 싸가지 없어 보인다고 하더군요. 나이도 어린 게 15살 많은 사람에게 아랫사람 대하듯 K 씨라고 부르는 게 거슬린다고 말했습니다. 그러고는 호칭 정리를 해주겠다고 나섰습니다.

"지연이 너는 얘한테 대리님이라고 불러. 그리고 너는 지연이한테 '지연 씨'라고 불러."

도저히 이해가 가지 않았지만, 그 자리에서 O 과장의 말을 거스를 수는 없었습니다. 왜냐하면 이 공간에는 고졸 어린 여직원의 '선배' 자존심을 고려해 줄 사람은 없었으니까요. 팀 직원 5명 중에 50대 남자 과장이 2명이었습니다. 그들은 '학력', '나이', '성별'에 선입견이 있었습니다. 고졸과 대졸의 능력 차이를 주제로 대화했고, 여자와 남자의 사회적 역할에 대해 자기만의 기준이 있었지요.

특히 정년퇴직이 가장 가까운 O 과장에게는 '나이'가 가장 중요했습니다. 회사 내 터줏대감인 그는 간부들조차도 감히 함부로 대하지 못하는 존재였어요. 그는 본인의 주장에 반박하는 사람이 있으면 앞에서 불같이 화를 내고 뒤에서도 험담하는 사람이었습니다. 제가 직접 목격한 성난 모습은 30여 번, 직접 들은 뒷담화만 족히 20명은 됩니다.

　제가 이 상황에서 정식으로 제 생각을 밝히고 당당하게 말했다면 어땠을까요? 아마도 O 과장은 고분고분하던 제가 콧대 높아졌다며 저를 욕하고 다닐지도 모릅니다. 저는 그의 살벌한 뒷담화 대상이 될까 봐 무서웠어요. 저 혼자만 다르게 생각한다며 비난을 받을 수도 있다는 두려움 때문이었죠. 그는 이곳에서 가장 자기주장 강한 사람이었기에 그의 눈 밖에 나면 앞으로의 생활이 고달플 것이라는 생각이 들었어요. 그래서 저는 제 주장을 펼치지 못한 채로 호칭을 받아들였지요. 이후로 나이 많은 후배 직원 K는 저를 편하게 '지연 씨'라고 부르기 시작합니다. 반대로 저는 호칭을 부르기 싫어서 안 불렀습니다.

　이때의 저는 제 생각을 당당하게 말할 용기가 없었습니다. 그렇다면 이후 O 과장에게 조용히 상담을 요청하는 방법도 있었을 것입니다. 그 또한 상황이 얼마나 바뀌게 될 것인지는 알 수 없지만, 적어도 당시에 뜻을 전하지 못했던 제 행동에 대한 후회는 없었겠지요.

나를 향한 편견은
통제할 수 없었다

직장인 1년 9개월 차, 때론 약삭빠른 여우처럼

후배 직원 K와 저의 새로운 호칭은 회사 내의 지위를 맞바꾸었고, 이 일은 제 업무가 늘어나는 시발점이 되었습니다. 후배 직원 K가 봉사 활동 업무를 맡아 진행할 때의 일입니다. 팀 직원들은 그를 도와 봉사 활동을 함께 준비했고 저는 사진 찍는 일을 도왔어요. 무사히 봉사 활동을 마친 후, 팀 직원들이 회의 탁자에 모여 앉았습니다. 부장이 신문사에 보낼 봉사 활동 홍보 기사를 작성하라고 말하려던 순간이었지요. 후배 직원 K는 저를 향해 말했습니다. "홍보 업무는 지연 씨가 좋아하잖아~ 나보다 지연 씨가 더 잘하겠네! 한번 해봐!"

홍보 업무는 후배 직원 K의 업무였기에 부장은 그에게 지시하려고 했습니다. 그런데 갑자기 그가 사람들의 관심을 저에게로 돌린 것입니다. 제가 사진 찍는 것도 좋아하고 홍보 업무에 관심이 있는 건 사실입니다. 하지만 다른 이의 업무를 사전협의도 없이 넘겨받기는 싫었어요. 제가 벙찐 상태로 아무 말 못 하고 있는데 부장이 저를 쳐다보면서 말했습니다. "그래, 지연 씨가 한번 해봐."

이렇게 얼렁뚱땅 업무를 넘겨받게 된 상황에 떨떠름했어요. 그래서 말할까 말까 고민합니다. '내 업무가 아니라고 말할까? 그렇게 말하면 어려서 업무를 구분 짓는다고 생각하지 않을까? 이미 내가 하기로 결정된 것 같기도 하고. 또 내 의견은 받아주지 않을지도…' 혼자 고민에 휩싸인 사이, 부장이 회의 종료를 선언했습니다. "그럼 이렇게 하는 걸로 하고, 해산!"

회의에 참석했던 사람들은 하나 둘 일어나서 자기 자리로 갔어요. 저는 이 상황이 탐탁지 않았지만, 말없이 자리로 돌아갔습니다. 제 생각과 감정을 제대로 표현하지 못하고 얼떨결에 업무를 받았지요. 거절할 타이밍을 놓쳤습니다. 저는 더 이상 표현할 기회가 없다고 판단하고 이왕 하게 된 거 스스로를 다독여주자 했어요. '피할 수 없으면 즐기라 했어. 그래, 내가 이걸 해내면 모두 나를 대단하게 생각하겠지?'

그런데 스스로의 격려에도 기분이 나아지질 않았습니다. 그때는 왜 그런지 잘 몰랐어요. 지금 생각해보면 저는 제 생각과 감정을 속였기 때문에 개운치 않은 것이었습니다. 거절하고 싶었지만, 사람들이 저를 어떻게 평가할지 두려웠어요. 그래서 저는 생각과 감정을 표현하지 않겠다는 선택을 했고 그 선택에 따른 책임으로 업무가 늘어난 것입니다. 인정하기 싫지만 저는 다른 이들의 시선이 무서워서 타인의 의견에 휘둘렸습니다. 그러고는 긍정 명언으로 감정을 다스리고자 했으니, 기분이 나아질 수가 없겠지요.

직장인 1년 11개월 차. 때론 타협 없는 늑대같이

그다음은 사옥 보수 업무입니다. 어느 날, 타 부서 차장이 후배 직원 K에게 LED 등이 자꾸 깜빡거린다며 교체해달라고 요청했습니다. 그런데 그가 딱 잘라 말하더군요. "그거 제 업무 아닌데요. 그건 비품이니까 지연 씨한테 말하세요." 저는 사람이 말하는데 단칼에 잘라버리는 그의 모습이 당황스러웠습니다. 그것도 자기보다 직급이 높은 사람에게요. 그리고 그 차장은 저에게 다가와서 아까 했던 이야기를 똑같이 반복합니다. 저는 생각했어요. 'K의 전임자가 하던 업무인데 이게 뭔 상황이지? 사람을 계속 앞에 세워두는 것도 민망하고……. 그리고 나까지 '네 업무', '내 업무'를 따지기 시작하면 평화로운 팀 분위기가 와해될지도 몰라.'

일단 저는 그 차장에게 알겠다고 답변하고 누가 담당인지는 후에 정리하자고 생각했습니다. 그런데 저는, 타 부서 차장이 나가자마자 고민에 빠졌습니다. '아무리 생각해 봐도 이건 내 업무가 아닌데? 근데 이걸 자기 업무 아니라고 딱 잘라 거절한 사람한테, 내가 먼저 말을 꺼내야 하는 상황이 되어버렸네. 뭐라고 말을 시작해야 하지? 괜히 받았나?'

비록 후배 직원 K에게 원치 않는 '대리님' 호칭을 부르게 되었지만, 그의 업무가 저에게 넘어오는 상황을 반드시 멈춰야겠다고 생각했습니다. 그에게 말하기로 했어요. 그런데 그는 때론 약삭빠른 여우처럼, 때론 타협 없는 늑대같이 본인에게 유리한 방향으로 상황을 이끌어가는 능력이 있었습니다. 저는 그에게 말하기 전에 만반의 준비를 하기로 했어요.

'LED 등 교체공사'가 사옥 보수 업무라는 것을 밝히기로 했습니다. 먼저 업무 전임자인 터줏대감 O 과장에게 찾아갔어요. O 과장이 "이걸 네가 왜 해? 사옥 담당이 해야지."라고 판단해 준다면 제 주장에 힘이 실릴 것 같았죠. 그럼, K와 업무협의에서도 저에게 유리한 상황이 되지 않을까요? 저는 O 과장에게 가서 일부러 모르는 티를 팍팍 냈습니다. "과장님, LED 등을 교체해야 한다고 하던데요. 제가 해본 적이 없어서요. 이건 어떻게 진행해야 해요?" 제 기대와는 다르게 그는 업무 처리 방법만 알려주었습니다. 알고 보니 사무실별 수량을 취합해서 정해진 업체에 전화하고, 공사 후 대금을 지급하면 끝나는 간단한 업무였어요. 이제 다음 단계는 K에게 업무를 건네주거나 제가 업무를 처리하면 되는 상황입니다.

K에게 어떻게 말해야 할지 생각하자 머릿속이 텅 비었습니다. 본인 업무가 아니라고 강력히 주장한 사람에게 무슨 말부터 꺼내야 할지 고민됐어요. 저는 사옥 보수 업무랑 비품 업무의 차이점이 뭔지도 모르겠고, 그

가 두 업무를 어떻게 구분했는지도 모르겠습니다. 제가 업무를 그에게 주려면 그를 설득해야 할 텐데, 그럴 자신도 없었어요. "전임자가 한 업무니까 네가 해야지."라고 말을 꺼내는 것도 관습적인 접근 같아서 논리가 부족하고. 이 간단한 업무를 "네 거야."라면서 주는 게 더 껄끄러워졌어요.

차라리 K가 자기 업무가 아니라고 말할 때 똑같이 받아쳤으면 좋았을 텐데. 바뀌지 않는 과거 행동에 후회가 밀려왔습니다. 차라리 제가 하는 게 속 편하겠다는 생각이 들었죠. 그래서 아무 말 하지 않고 제가 처리했습니다. 그리고 이 업무는 이제 제 업무가 되었습니다.

타인의 의견에 따라가고 싶은 너에게

업무가 늘어난 이유에 제 잘못이 없다고 저 자신을 옹호하고 싶은 마음입니다. 그래서 여러 변명을 생각해낸 거예요. 사실은 타 부서 차장이 "네 업무, 내 업무 되게 따지네! 역시 어린 직원들은 이기적이야."라는 시선으로 볼까 봐 두려웠어요. O 과장에게 도움을 요청하면 "뭘 따져? 그냥 지연이 네가 해주면 되잖아."라고 별거 아닌 일에 전전긍긍하는 사람이라 취급받을 것 같아서 말 꺼내기 싫었어요. 그리고 자기주장 확실한 후배 직원 K와 업무 관련 대화를 하는 게 무서웠습니다. 그와 싸우게 되면 말도 못 하고 논리도 없는 제 편은 아무도 안 들어줄 것 같았지요.

누가 저의 힘든 상황을 정리해주길 바랐어요. 강한 자의 힘을 빌려 이 상황을 해결하고 싶었습니다. 타인에게 저의 상황을 맡긴 것입니다. 제가 생각하는 바를 당당히 주장하지 않았어요. 그리고 주도적으로 해결하려고 하지 않으니 제가 바라는 결과는 현실에 나타날 수 없었습니다.

많은 직원이 단호하게 "그거 제 업무 아닌데요."라고 말하는 K보다는, 주는 대로 받는 저에게 요청하기 더 편했을 겁니다. K보다 저에게 요구 사항을 말하는 직원이 늘어났어요. 그는 싫었지만 그로 인해 직원들과의 교류가 많아지는 건 좋았어요. 어린 고졸 여직원이라면서 미운 오리 새끼 취급을 받던 제가, 회사에서 중요한 사람이 되어 가는 느낌을 받았기 때문입니다. 그래서 저는 일이 늘어나는 상황이 타인에게 인정받기 위한 과정이라는 생각이 들었어요.

이는 회사에서 인정받기 위해, 제 의견이 중요하지 않을지도 모른다는 생각으로 이어집니다. 저는 자기주장 강하고 당당한 K의 논리를 따라가고 싶어졌지요. 그가 저보다 더 똑똑한 사람인 것 같았거든요. 그러니 그의 생각에 따라 업무가 달라지는 것은 자연스러운 순리였습니다.

과거에 저는 업무가 늘어나는 이유를 K 때문이라고 생각했습니다. 그런데 문제는 저에게 있었어요. 저는 그동안 다른 사람들의 판단을 제 행동 기준으로 삼았습니다. 다른 이들의 생각이 더 궁금하고 그들이 저를 어떻게 바라보는지에 신경 썼지요. 타인에게 의존적이었습니다. 제 생각은 저도 잘 모르지만 사람들이 알아서 제게 유리하게 움직여주길 바랐습니다. 구미 이후로 더 이상 저에게 시련이 찾아오지 않을 거라 바라기만 했어요. 그래서 혼자 이겨나갈 자신이 없었습니다. 그 중에서도 저를 향한 사람들의 시선이 두려워서 제 생각과 감정을 표현하지 못한 것이 가장 큰 문제였지요.

이후 책을 읽으며 깨달을 수 있었습니다. 저를 향한 편견의 시선은 제가 통제할 수 없다는 사실을요. 비난에 대한 두려움은 제 생각에서 창조된 것이기에 제가 다스릴 수 있다는 것을요. 사람들에게 인정받으려는 욕심을 버려야 자유롭게 살 수 있다는 것을요.

3

편견은 인간관계 속
자연스러운 현상이었다

터줏대감 O 과장의 정년퇴직까지 3개월 남았습니다. 퇴직 전, 그의 업무를 재배분하기 위해 회의 탁자에 팀 직원들이 둘러앉았어요. 나눠야 하는 업무는 4개, 근무 인원은 4명. 실질적으로 업무를 배분할 수 있는 직원은 저와 후배 직원 K, 2명뿐입니다. K를 많이 도와주던 A 과장이 먼저 K의 업무를 가져간다고 말합니다. 그 순간, 저도 K의 업무를 많이 '도와주었다.'라는 것을 어필하고 싶어졌어요. 그래서 이렇게 말합니다. "저는 K 대리님의 홍보 업무랑 사옥 보수 업무를 가져갈게요. 그동안에도 제가 많이 했으니까요." 그리고 K는 그 외의 업무를 맡게 되었습니다.

사옥 보수 업무는 12월이 가장 바빴어요. 올해 남은 예산으로 보수가 필요한 공사를 진행해야 했습니다. 아침부터 업무에 신경을 쏟았지요. 지하 주차장 출입구 차단기 추가 설치, 지하실 감지 센서 설치, 사무실 문페인트칠 등. 출근하자마자 보수 공사가 필요한 위치를 파악했습니다.

전화벨이 울립니다. 차단기 설치 업체였어요. "도착했는데요, 어디서 뵐까요?" 저는 사옥 외부로 나갑니다. 업체와 함께 현장에서 공사가 필요한 구간을 확인합니다. 업체는 현장을 살펴본 뒤, 견적서를 보내주기로 하고 돌아갑니다. 저도 사무실로 들어왔어요. 사무실에 아무도 없습니다. 시계를 보니 벌써 점심시간이네요. 구내식당에 올라가 점심을 먹은 후에 사무실 의자에 앉았어요.

잠시 후 센서 설치 업체에서 도착했다는 전화가 옵니다. 지하실로 내려갑니다. 업체는 저에게 '지하층 전기 배전함'이 어디 있는지 묻습니다. 저는 배전함이 뭔지 몰라서 전임자 O 과장에게 물어봅니다. 위치를 듣고 업체와 함께 이동했어요. 사옥에 이런 공간이 있는지 처음 알았습니다.

사무실에 돌아오니 책상에 세금계산서가 놓여 있습니다. 페인트칠 작업 업체가 사무실로 찾아와 세금계산서를 두고 간 것이었죠. 대금 지급을 위해 컴퓨터를 켰더니 차단기 설치 업체 메일이 알람으로 올라왔어요. 할 일이 늘었습니다. 세금계산서도 처리하고 견적서 내용을 확인해 공문 결재도 올려야 하고.

업무에 집중하려는데 전화벨이 울립니다. 업체였죠. "다 끝났습니다. 와서 확인해 주세요." 저는 다시 지하실로 내려갑니다. 업체는 저에게 작업 내용을 설명해 주었고 이상 없는 걸 확인했지요.

벌써 퇴근 30분 전입니다. 올해 안에 다 해낼 수 있을지 의문이 들었어요. 그래도 오늘은 입사 2주년 기념일로 퇴근 후 친구를 만나기로 약속했으니 서둘러서 업무를 끝내야 합니다. 정신없다. 정신없어!

한 달 동안, 다른 생각할 겨를도 없었습니다. 단지 업무를 모두 끝내야 한다는 일념뿐이었죠. 근무 시간에는 숨 돌릴 틈 없이 일만 했어요. 그런데 신기한 건 K에게 일을 넘겨받는다고 생각하며 일할 때보다 오히려 마음이 더 편안했습니다. 그동안 스트레스를 받은 이유가 업무량 때문인지 인간관계 때문인지 혼란스러웠어요. 그리고 인간관계 문제에 신경 쓸 틈 없이 바쁜 업무량을 경험하며 알게 되었습니다. 차라리 인간관계 문제보다는 많은 업무량이 더 낫다는 것을요.

직장인 3년 1개월 차. 몸에서 보내는 이상 신호

몸에 이상 신호가 나타났습니다. 때때로 머리가 어지러워지거나 갑자기 심장이 두근거리며 가슴이 답답해졌어요. 가슴이 답답해서 숨을 쉬기가 불편했고 그때마다 이런 생각이 들었습니다. '편하게 호흡하는 방법이 뭐더라?' 마치 숨을 들이쉴 때마다 이산화탄소가 혈관을 타고 온몸을 돌아다니는 것처럼 탁하고 갑갑한 느낌이 들었어요. 오히려 숨을 쉬지 않는 게 더 편하다는 생각에 호흡을 참기도 했지요.

입사하기 전에는 10시간 이상 앉아 있을 정도로 집중력이 좋았습니다.

그런데 이제는 10분만 앉아 있어도 어깨와 날갯죽지가 저렸어요. 사무실 의자에 잠깐 앉아 있는 것만으로 쑥쑥 쑤시듯 아프니 업무에 집중하기 힘들었지요. 그나마 일과 중에는 업무에 집중하느라 고통에 둔감한 편이 었습니다. 퇴근 후 이불 위에 누우면 어깨, 목, 등, 무릎, 다리 전체가 저려왔어요. 어깨가 괜찮다 싶으면 무릎이 저리고, 다리가 괜찮다 싶으면 목에 통증이 느껴졌습니다. 심지어 본가에 가면 통증에 잠을 이루지 못하는 제 몸을 엄마가 손으로 주물러주고 나서야 겨우 잠들곤 했습니다.

처음에는 밤에 어깨가 조금 저린 정도였어요. 다음에는 목뒤, 그다음엔 등, 그리고 팔뚝과 무릎까지 퍼졌습니다. 매일 밤, 잠을 이루지 못할 정도의 통증이었으니 항상 피곤할 수밖에 없었죠. 정형외과, 척추 전문 의원, 마사지샵 등 모두 돌아다녀도 이 증상은 호전되지 않았습니다.

지치지 않고 쑤시는 몸의 통증으로 매일 밤 불면증에 시달렸습니다. 밤늦게 잠들어도 아침에 출근을 해야 하니 수면 부족도 지속되었지요. 불면증과 수면 부족은 기억력 감퇴로 이어졌어요. 학창 시절의 저는 친구들의 사소한 특징까지 세세하게 기억할 정도로 기억력이 좋았습니다. 그런데 이제는 친구들에게 매번 약속을 이중으로 잡아서 미안하다는 사과를 하게 되었지요. 이 상황은 저에게 큰 스트레스였어요.

몸에서 보내는 신호를 대수롭지 않게 생각했습니다. 매년 건강검진에서도 '이상 없음' 소견을 받았고, 다들 '어리니까' 금방 괜찮아진다고 해서 그냥 그런 줄 알았습니다. 직장인이라면 누구나 겪는 만성 통증일 뿐이라 치부했지요. 그러고는 오히려 사기업이라면 이보다 더 아팠을 것이라 합리화하곤 했어요. 가장 관심을 가지고 사랑을 주어야 할 저 자신에게, 저는 지극히 무관심했습니다.

타인의 평가에 전전긍긍하는 너에게

2022년의 어느 날, 그 당시 저를 바라보던 청소 여사님이 이런 말을 합니다. "지금 대학 나온 남직원들도 힘들어하는 업무를 이 조그맣고 어린 여직원이 어떻게 해냈을꼬. 내가 예전에 보면서 항상 안쓰러웠어." 이 말을 듣자마자 눈물이 고였습니다. 맞아요. 사실 저는 사람들의 선입견에 맞서 '대졸 나이 많은 남직원'과 비교해도 잘한다는 평가를 듣고 싶어서 그렇게 애써왔던 겁니다. 저는 '고졸 어린 여직원'이라는 색안경을 낀 이들이 저를 함부로 평가하는 게 싫었습니다. 더 나아가 '고졸 어린 여직원'에 대한 사람들의 인식까지도 바꿔놓고 싶었어요. 모든 사람에게 인정받고 싶었던 것입니다. 그래서 어떤 업무든 마다하지 않고 기꺼이 수행했습니다. 생활의 지혜와 더불어 업체에 일을 시켜야 하는 사옥 보수 업무도, 어린 여직원과 가장 관련이 적은 민방위 업무까지도 말이지요.

그런데 청소 여사님의 '안쓰러웠다'라는 말을 듣고, 저는 알 수 있었습니다. 19살의 어린 제가 사람들에게 인정받기 위해 애쓰던 모습은 안쓰럽고 딱했다는 것을요. 타인이 저를 바라보는 모습은 '궂은 상황에도 씩씩하게 일하는 어린 여직원'이었습니다. 즉, 제가 '고졸 어린 여직원'이라는 사실은 바뀌지 않았어요. 사람들은 그 사실을 기반으로 저를 판단했지요. 또한 '대졸 나이 많은 남직원'과 비교해도 잘한다는 평가를 듣고 싶었던 저 자신도 선입견이 있는 사람이었어요.

　사람은 누구나 자기만의 편견을 지니고 있습니다. 나를 향한 타인의 시선뿐만 아니라, 나를 향한 나의 시선도 편견일 수 있어요. 제가 '고졸 어린 여직원'이면서도 '고졸 어린 여직원'이라는 사실을 부정하고 싶어 했던 것처럼 말이지요. 그래서 저는 더 잘해야 한다는 강박관념을 가지고 제 마음과 몸을 제대로 보살펴주지 못했습니다.

　사람들에게 인정받지 못하면 어쩌나 전전긍긍하는 이들에게 알려주고 싶습니다. 사람들의 편견이나 선입견을 이겨내기 위해 힘겹게 애쓰지 않아도 된다고 말이지요. 주관적인 잣대로 우리를 평가하는 사람들의 편견은 우리가 이겨낼 수 있는 현상이 아니니까요. 나 외의 사람은 우리가 통제할 수가 없습니다. 그저 나의 시선을 바꾸면 마음이 편안해집니다. 누구와 비교할 필요 없이 있는 그대로의 내 모습을 칭찬해주세요. 그리고 나를 자기만의 기준으로 평가하는 타인도 존중해줍시다. 그들도 나처럼 자기만의 편견을 지니고 있는 사람일 뿐이니까요. 편견이나 선입견은 누구의 잘못이라기보다 그저 인간관계 속에서 자연스럽게 나타나는 하나의 현상일 뿐이니까요.

회사는 내 인생의 전부야

인사이동 기간에 후배 직원 K는 다른 팀으로 이동했습니다. 대신 옆자리에 경력 있는 P 과장이 배치되었죠. 그는 까칠한 듯 보이지만 다정한 선배였습니다. 저는 고생 끝에 좋은 사람이 찾아왔다고 생각했어요. 저는 팀 분위기가 좋아질 것 같다는 기대감에 기분이 좋아졌습니다.

직장인 3년 4개월 차. 제 의견이 아닙니다만

올해 9월 정년퇴직 예정인 A 과장은 4월부터 장기 교육에 들어가게 됩니다. 작년에 이어 이번에도 인원 충원이 문제였지요. A 과장이 장기 교육에 들어가면 남은 직원들이 그 업무를 나눠야 했습니다. 이번에 배분되는 업무는 2개, 근무 인원은 3명. 실질적인 업무가 가능한 인원은 저와 새로 온 P 과장뿐이었습니다. A 과장은 우리에게 미안했는지, 이 문제에 대해 대책 회의를 하자고 제안합니다. 다른 팀 직원을 파견하여 절반이라도 충원시켜 달라는 안건으로요. 회의에는 K 부장도 참석했습니다.

K 부장이 사무실 문을 열고 들어오는데, 그때부터 표정이 심상치 않았습니다. K 부장이 회의 탁자에 앉자, A 과장이 현 상황 설명과 안건을 말했어요. 그런데 K 부장은 갑자기 저를 질책하기 시작했습니다. "이지연, 네가 입사한 지 3~4년 정도 됐으면 대리급 경력이잖아! 대리급 정도 됐으면 이 정도는 혼자서도 할 수 있어야지? 이딴 식으로 인원 충원해달라는 건 대체 누구 머리에서 나온 아이디어야?!" 그는 저를 향한 질책이 끝나자, 탁자에 놓여 있던 결재판을 책상에 내리치면서 자리를 박차고 나가버립니다.

저는 정말 당황스럽고 황당했어요. 이 대책 회의에서 제 의견은 단 한 줄도 없었으니까요. K 부장이 저를 지목하며 몰아붙인 이유가 무엇일까요? 누군가가 저를 모함한 거였을까요? 아니면 여기서 가장 만만해서였을까요? 아니면 그만의 협상 방법이었을까요?

업무량 증가는 우리 팀 직원들이 받아들여야 하는 몫이 되었습니다. 그 이후 직원들은 인원 충원에 대한 한마디의 언급도 하지 않았어요. 그리고 저는 부장의 말에 오기가 생깁니다. '이 기회에 고졸 어린 여직원이라서 못한다는 선입관을 깨부숴 주겠어. K 부장에게 일을 못한다는 평가는 받고 싶지 않아.' 저는 어려운 상황을 이겨내고 당당한 모습으로 사람들에게 인정받고 싶었습니다. 그래서 이번에도 제 업무는 또다시 늘어납니다. 2년 전의 초기 업무량과 비교하면 업무량이 2배 이상으로 늘게 되었지요.

직장인 3년 4개월 차. 유독 나에게만 다혈질인 상사

이후로 매일 야근은 기본에 K 부장은 본인의 결재를 거치는 모든 업무에서 트집을 잡았습니다. 그는 저와 다른 사무실에서 근무했어요. 그런데 2~3일에 한 번꼴로 전화해서 저나 차장을, 혹은 함께 사무실로 호출했어요. 그리고 업무를 가르친다는 명목 하에 여러 가지를 질문했죠. 부장은 이미 정답을 준비해놓고 우리가 조금이라도 벗어나는 답변을 하면 표정이 돌변하며 불같이 화를 냈어요.

K 부장은 물건 구입 시 관습적으로 올리던 공문의 사소한 문구와 오탈자를 지적하며 제가 생각 없이 일한다고 꾸짖었습니다. 행사 담당자의 업무였던 체육대회 행사 기획안도 제 몫이 되었지요. 총무 업무 구분은 코에 걸면 코걸이, 귀에 걸면 귀걸이 같았어요. 힘의 논리에 따라 업무가 유동적으로 바뀐다는 느낌을 받았지요. 후배 직원 K와의 업무 구분에서도 느꼈던 생각입니다.

사옥 보수 공사 공문을 올릴 때마다 업체에서 보낸 견적서 항목을 모두 따져보고 금액이 적정한지 확인해야 했습니다. K 부장이 견적서를 보고 어떤 근거로 작성한 건지 모르는 게 있으면 업체에 전화해서 물어보라고 했기 때문입니다. 이후 저는 공사 견적서를 받을 때마다 재료비가 적정한지 확인하기 위해 인터넷으로 자재 판매가를 검색했고, 노무비가 적정한지 확인하기 위해 약 800페이지의 직종별 노임단가표 책자를 뒤져봤습니다. 제가 찾은 정보와 일치하지 않거나 잘 모르는 항목은 업체에 전화해서 일일이 물어봤어요. 그럼에도 부장은 제 설명이 탐탁지 않았는지 업체를 사무실에 부르라고 지시합니다. 저는 K 부장과 함께 삼자대면하며 설명을 들었습니다. 그리고 비슷한 상황은 이후에도 세 번 반복되었어요.

초기 팀원 5명에서 3명으로 인원이 줄어든 상황에서 꼭 이렇게까지 해야 하나 싶었지만, 저는 K 부장에게 아무 말도 할 수 없었습니다. 그에게서 일을 못한다는 평가를 받고 싶지 않았기 때문입니다.

어느 날은 K 부장이 격앙된 목소리로 저와 차장을 호출했어요. 그가 있는 사무실에 저와 차장이 들어서자, 선배 직원들이 우리를 걱정하는 눈빛으로 바라보았습니다. 우리는 긴장한 채로 그에게 다가갔어요. 그는 차가운 표정으로 우리를 째려봅니다. 그리고 회의 탁자에 앉으라고 지시하지요. 우리가 의자에 앉자 매섭게 쏘아붙이기 시작합니다. "이걸 지금 보고서라고 가져왔어?" 그리고 흥분한 목소리로 서류 내용을 가리키며 "여기랑 여기, 이게 다 무슨 말인데?!" 다그치듯 묻습니다. 차장이 제대로 답변하지 못하자 불같이 화를 냅니다. 그러고는 결재판을 책상에 던지면서 말합니다. "R 차장, 네가 그 자리에서 하는 게 뭐야? 다시 해와."

K 부장이 근무하는 사무실은 외부 고객이 자주 드나드는 창구가 있고 다른 부서 직원들도 함께 근무하는 공개적인 공간입니다. 그런데 그는 저와 차장을 함께 공개적인 사무실로 불렀고 쩌렁쩌렁하게 책망하며 소리를 질렀습니다. 사무실을 나서는 우리를 보고 선배 직원들이 위로를 건넵니다. 부장이 다른 직원들한테는 생글생글 웃으면서 다가오는데 유독 저와 차장에게만 큰소리를 친다며 왜 그러는지 알 수 없다고 말했지요.

회사가 인생의 전부라고 생각하는 너에게

저를 아껴주던 선배 직원 중 한 명이 자신의 과거 이야기를 하며 조언을 해줍니다.

"언니도 고등학교 때 회사에 들어와서 20대에는 회사가 전부였어. 초반에는 사택에 살았으니까 회사 사람들하고 같이 아침을 먹고 출근하고, 회사에서 근무하고 퇴근 후에는 직원들하고 놀러 다니고. 아침에 일어나서 잠들기 전까지 회사 사람들이랑 지내니까 머릿속에는 하루 24시간이 온통 회사 생각밖에 없었어. 그런데 결혼하고 나니까 회사를 생각하는 비중이 줄기 시작했고, 아이를 낳고 키우면서 그 비중은 절반 정도로 줄어들었어. 그러니까 회사에서 아무리 힘든 일이 있어도 회사를 나서는 순간 잊을 수 있게 되더라고. 왜냐하면 집에 가서 신경 써야 할 일들이 또 있으니까. 회사생활이 조금 편해졌다고 느낀 거야. 그래서 언니가

해주고 싶은 말은, 지연이가 회사 외에도 다른 것에 집중해 보면 좋겠어. 예를 들면 대학교 같은 거."

선배 직원의 조언은 제가 대학교에 다니고 싶다는 열망을 가지게 해주었습니다. 그리고 이 대화는 이후에 제가 회사와 학교를 지치지 않고 병행할 수 있는 주요 에너지원이 되었지요. 6년 전 그녀가 해준 이야기가 아직도 제 머릿속에 생생하게 남아 있습니다. 당시 저는 하루 24시간을 회사에 신경 쓰는 것에 지쳐 있었어요. 그래서 그녀의 조언에 따라 편안한 마음을 가지고 싶었습니다. 그녀가 알려준 '정신적 스위치' 개념을 이용해 회사와 일상을 분리하고 싶었지요.

많은 업무량과 상사와의 관계 속에 치이던 당시 저는, 의지할 데 없이 외롭고 답답하다는 생각밖에 들지 않았습니다. 하지만 그녀의 사랑이 담긴 조언은 제 마음에 닿았습니다. 제가 진심으로 행복해지길 바라는 그녀의 마음이 느껴졌으니까요. 제가 행복해지기 위해 당장 시작할 수 있는 활동이 뭔지 감도 안 잡혔습니다. 그러나 회사와 일상을 정신적으로 분리한다는 '정신적 스위치' 개념은 항상 제 머릿속에 존재했지요. 그리고 이후 '정신적 스위치'는 제가 회사와 대학을 병행하면서도 효율적으로 행동할 수 있도록 만들어줍니다. 그녀의 인생 경험담은 저에게 소중한 경험으로 이어집니다.

5

구급차에 실려갈 줄이야

직장인 3년 8개월 차. 무더운 날에 온기 없는 손

2017년 8월 13일, 무더운 날씨의 일요일 점심이었습니다. 저는 늦잠을 자던 도중, 갑자기 엄청난 복통에 잠에서 깹니다. 그리고 곧장 화장실로 달려갔습니다. 변기에 앉아 있는데 복통은 괜찮아질 기미가 보이지 않았고 가슴이 답답해졌습니다. 눈이 빠질 것 같은 느낌과 함께 눈앞이 순식간에 깜깜해졌어요.

얼마나 지났는지 모르지만 눈을 떠보니 화장실 천장이 보였습니다. 아무래도 정신을 잃고 화장실 바닥에 머리를 부딪힌 것 같았어요. 정신을 차리자마자 숨을 가쁘게 몰아쉬었습니다. 통증이 다시 찾아옵니다. 배는 찢어질 듯 아프고, 귀에서는 지지직거리는 소리가 들렸습니다. 뇌 속에 피가 엄청난 속도로 움직이는 듯 머리 뒤통수가 두근두근했고, 온몸에 체온이 사라진 듯 바르르 떨렸어요. 이대로 누워 있다간 추위에 다시 정신을 잃을 것 같았습니다.

엄마에게 도움을 요청하고 싶은데 목소리가 나오지 않았고 핸드폰은 방에 있습니다. 정신을 붙잡고 몸을 일으켜 변기에 손을 지지합니다. 팔에는 어느 정도 힘이 돌아온 것 같습니다. 한 손으로 화장실 문고리에 손을 뻗어 문고리를 아래로 내려서 화장실 문을 힘겹게 열었지요. 그리고 온몸에 힘을 쥐어짜서 엄마를 부릅니다. "ㅇ..어ㅁ마, 엄마……." 엄마는 대답이 없었습니다.

핸드폰을 찾아야 합니다. 구조 요청을 해야 해요. 정신을 붙잡고 방까지 기어가기 시작합니다. 방에 도착하자마자 방바닥에 바로 누웠어요. 금방이라도 게워 낼 것처럼 속이 매스껍고 배가 아팠습니다. 누구한테라도 말하지 않으면 죽겠다는 생각이 들어 핸드폰을 잡고 119를 누르려던 순간, 엄마가 문을 열고 들어옵니다. 저는 맥없이 누운 채로 엄마에게 119에 전화해달라고 했어요. 엄마는 당황스러워했지만 곧 제 요청대로 119에 신고합니다. 그리고 제 손을 어루만져 주는데 따뜻한 엄마의 손과 제 손의 온도 차이가 느껴졌어요. 엄마의 손을 잡고 누워 있으니 조금 진정이 되었습니다.

5분 정도 후, 창문 밖에서 구급차 소리가 들립니다. 똑똑-. 구급대원이 우리 집 현관문을 두드렸어요. 엄마가 문을 열어주었고 구급대원 2명은 들것을 들고 와서 제 상태를 확인합니다. 저는 천천히 들것에 앉았어요. 아까는 정신없이 119를 불러달라고 했습니다. 그런데 들것에 앉아 구급차를 타러 가는 길에, 아는 사람을 마주칠까 봐 창피하다는 생각이 들었습니다. 정신이 돌아온 것이죠.

엄마도 집에서 간단히 짐을 챙겨서 따라 나옵니다. 우리는 K 병원으로 향합니다. K 병원 응급실에 도착해서 응급진료를 기다리는 동안 몸이 괜찮아졌습니다. 그래도 순간 정신을 잃을 때 머리를 다치진 않았는지 확인이 필요하다고 합니다. 한 시간 정도 후에 간단한 검사와 MRI, CT를 찍은 후 진료를 받았어요. 결과는 이상 없음. 몸에는 이상이 없었습니다. 하지만, 이 결과는 응급실에서 해줄 수 있는 최소한의 검사이기 때문에 평일에 큰 병원에 가서 별도로 검사를 받아보라고 권유받았지요.

직장인 3년 8개월 차. 나는 아직 어린데, 내가 왜?

다음 날 아침 6시, 기상 후 출근 준비를 합니다. 어제 구급차를 탔지만, 회사에 빠질 수는 없었어요. 회사에 가서 할 일이 있었으니까요. 저는 어리니까 어제 일도 별 거 아닐 거라 생각했습니다. 본가에서 근무지까지 가려면 편도 2시간 정도. 월요일 오전 6시 30분에 출근길에 나섭니다. 회사에 도착해서 평소와 다름없이 일을 했어요. 평소와 다른 것은 점심시간에 S 병원에 전화해서 외래진료를 예약했다는 것뿐입니다.

평일에 하루 휴가를 내고 S 병원에 다녀왔습니다. S 병원에서 검사받은 후 외래진료를 보는데 이번에도 이상 없다는 소견이 나왔습니다. 그런데 의사가 3일간 입원해서 추가 검사를 받아보자고 하더군요. 한 가지 확인할 게 있다면서요. 쿵! 갑자기 불안해졌습니다. 의사가 걱정하지 말라며 다독여 주었습니다. 정확히 알고 가자는 차원에서 검사하는 거라면서요. 입원 검사는 2주 후인 8월 말에 진행하기로 합니다. 병원을 나서는데 이런 생각이 들었습니다.

'3일간 입원 검사를 해야 한다니. 혹시 큰 병이면 어떡하지? 그럼 나는 앞으로 어떻게 살아야 해? 나는 아직 어린데 왜 나에게 이런 일이 일어난 걸까? 잠깐, 이거 다 후배 직원 K랑 K 부장 때문에 스트레스 받아서 그런 거 아니야? 정말 그 둘은 꼴도 보기 싫다.'

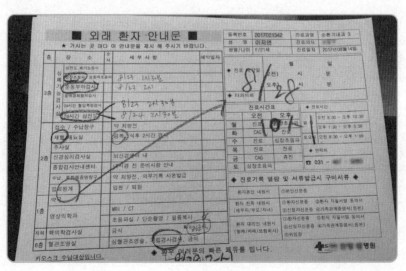

3일 입원검사 안내문

부정적인 생각이 머릿속을 온통 헤집고 다녔어요. 검사 결과가 나올 때까지 이 부정적인 생각이 계속될 것 같았지요. 적막한 병실에서 아픈 사람들과 3일을 함께 지내다 보면, 더 우울해질 것 같았습니다. 이 기분으로 집에 들어가고 싶지 않았어요. 마음을 진정시킬 무언가가 필요했습니다.

그리고 좋은 생각이 떠올랐지요! 병원에 입원하는 3일 동안 책을 읽는 게 좋겠다는 생각이 들었습니다. 그리고 서점으로 향합니다. 서점에 도착해 제목에 눈이 가는 몇 권의 책을 집어 들고 내용을 대충 훑어본 후 책을 구입해서 집에 돌아옵니다.

세상에서 가장 불쌍한 너에게

2023년 2월 3일 금요일, 근무 중 갑자기 배가 아프고 속이 매스꺼워집니다. 잠시 여직원 휴게실에서 휴식을 취하고 다시 사무실로 돌아왔어요. 자리에 앉아서 일을 하려는데 머리가 울렁거리고 숨이 잘 안 쉬어집니다. 너무 추워서 몸에 담요를 감쌌습니다. 전화벨이 울려서 전화를 받았는데 귀가 잘 안 들리고 머리가 지끈지끈합니다. 고객이 문의하는 내용이 잘 안 들려서 소리를 최대한으로 올려서 듣던 중, 금방이라도 토할 것 같은 느낌이 몰려왔어요. 문의 내용에 겨우 답한 후 자리에서 일어났습니다. 다시 휴게실에 가려고 했지요. 책상, 캐비닛, 그리고 칸막이를 손으로 짚으면서 천천히 걸어가는데 당장이라도 정신을 잃고 쓰러질 것 같은 기분이 듭니다. 머리를 댈 수 있는 곳을 찾았어요. 주위에 있던 고객용 소파에 머리를 대고 냅다 누웠습니다. 잠시 그러고 있으니 조금 안정이 되었습니다. 6년 전 제가 구급차에 실려 갔을 때와 똑같은 증상이었지요.

같은 증상이었지만, 6년 전의 저와 지금의 저는 전혀 다른 생각을 합니다. 6년 전의 저는 아픈 이유가 모두 회사 때문이라고 생각했습니다. 그래서 회사가 더 싫어졌고 스트레스를 주는 회사를 계속 다녀야 하는 저의 상황에 우울해졌어요. 하지만 지금의 저에게 이 증상은 아무것도 아닙니다. 오히려 놓칠 수 없는 글감이라면서 어떻게 글로 풀어쓸지를 생각합니다.

구급차에 실려간적은 없다고 해도 누구에게나 심적으로 힘든 날이 있습니다. 이 세상에서 자신이 가장 힘겹고 이겨낼 수 없을 것만 같고요. 그 힘든 마음을 가족이나 친구에게 말하면 이해와 위로를 받을 거예요. "그랬구나. 많이 힘들었겠다.", "사람들 참 너무하다." 그들의 공감을 받으면 잠시 잊을 수 있겠지요. 기분도 조금 나아집니다. 그런데 중요한 것은, 타인의 이해와 위로는 임시적인 방편일 뿐이라는 사실입니다. 무엇이든 바뀌지 않았으니 내일도 같은 상황이 반복되지요. 그리고 우리는 이상과 현실 사이의 간극을 체감하며 더 힘들어합니다. 변화하지 않는 상황을 위로받고자 또 다시 말하겠지요. 처음에 공감해 주던 사람도 지쳐가고, 그들이 변하는 모습을 보면서 우리는 더 우울해질 것입니다.

6년 전의 저는 '가장 불행한 사람'이 되기 위해 노력했습니다. 하지만 지금은 '가장 행복한 사람'이 되었어요. 제가 불행한 사람이 되었던 원인은 나 자신을 불쌍하게 바라보았기 때문이었거든요. 저는 관점을 바꿨습니다. 그랬더니 6년 전 불쌍하게 보였던 저의 실신 증상은, 행복한 인생을 살아가는 밑천이 되었어요. 지금은 같은 증상이 찾아와도 오히려 글감으로 재탄생시킬 수 있을 만큼 강해졌습니다.

다음 장에는 제가 관점을 바꾼 이야기를 자세하게 풀겠습니다.

제3장

나는
휘둘리지 않기로 했다

1

나는 행복해질 수 있다

"미움받는 것을 두려워하지 말라는 뜻일세."
-『미움받을 용기』, 기시미 이치로 외 1인

2017년도 8월 말, 3일간의 입원 검사를 위해 혼자서 병원으로 향했습니다. 병원에서 입원 수속을 마친 후 병실 침대에 앉아 검사 일정을 기다립니다. 제가 들고 온 가방 속에는 2주 전에 서점에서 구입한 몇 권의 책이 들어 있습니다. 그중 『미움받을 용기』 책을 읽으면서 과거 제 모습을 다시 한 번 돌아볼 수 있었습니다. 그리고 행복해질 수 있다는 사실을 제 신념으로 받아들이기로 했지요.

내가 불행해진 이유가 무엇일까

우리는 모두 생각이 다른 사람이기에 같은 상황이라도 다르게 받아들입니다. 그래서 혹시 제가 회사에서 힘들다고 느끼는 이 감정도 저 혼자만의 주관적인 판단에서 시작된 게 아닐까 고민했지요.

그런데 아무리 고민해 봐도, 저와 같은 상황에서는 누구라도 힘들어할 거라는 결론이 나왔습니다. 객관적으로도 기존 근무 인원 5명 중 2명이 줄어든 상황에서 남은 직원들끼리 업무를 나눠서 일하는 상황이었으니까요. 거기에 K 부장은 제가 생각 없이 일한다면서 2~3일에 한 번꼴로 사무실에 불러서 윽박지르는데, 이 상황을 힘들어 하지 않을 사람이 있을까요. 게다가 직속 상사조차 K 부장에게 꾸지람을 듣는 상황이니 저를 방어해 줄 사람은 아무도 없었습니다. 대체 누가 그 상황에서 마음을 다잡을 수 있을까요. 제가 어떻게 해야 하는지 도통 감이 잡히지 않았습니다.

저는 이 상황을 바꾸기 위해 노력했어요. 고졸이라는 선입견을 보란 듯이 이겨내기 위해 묵묵히 최선을 다했습니다. 인원 충원이 어렵다고 해서 잠자코 업무를 더 받았습니다. 오탈자 하나, 단어 의미 하나까지 세세하게 따져가며 공문을 작성했으며 사옥 공사를 할 때마다 견적서를 꼼꼼히 분석해서 결재를 올렸습니다. 그렇게 노력했는데 제가 얻은 건 많아진 업무량과 K 부장의 모욕적인 언행이었지요.

저는 인정받고 싶었을 뿐입니다. 칭찬받고 싶었을 뿐이지요. 저는 행복하게 살고 싶었습니다. 저 자신을 희생하면서까지 회사에 정성을 다했는데 제가 돌려받은 것은 불행입니다. 생각을 이어가던 도중 코끝에 콧물이 맺힙니다. 휴지로 잽싸게 닦아냈는데 눈치 없이 또다시 콧물이 맺힙니다. 눈물도 흐릅니다.

대체 제가 무엇을 잘못한 걸까요? 왜 이런 결과가 나온 것일까요?

저는 '고졸 어린 여직원'이라는 사람들의 선입관을 이겨내기 위해 발악하고 있었습니다. 상사에게는 능력이 출중한 부하 직원이 되고 싶었고 선배 직원들에게 예쁨 받는 후배가 되고 싶었습니다. 후배 직원들에게는 존경받는 선배가 되고 싶었지요. 저는 회사에서 '고졸 어린 여직원'이 아닌, 모든 직원이 좋아하는 팔방미인 직원으로 인정받고 싶었습니다.

그래서 주는 대로 업무를 받았고, 힘들어도 티 나지 않도록 조심했어요. 억울해도 한 번 더 참고 그들의 눈치를 살폈습니다. 저는 사람들에게 인정받고 싶었던 겁니다. 그와 동시에 상처받는 걸 두려워하고 있었지요. 이 두려운 감정을 어떻게 극복해야 할지 잘 몰랐습니다. 하지만 타인의 시선에서 벗어나고 싶어졌어요. 정말 행복해지고 싶어졌습니다.

행복해지고 싶은 너에게

저는 모든 사람들에게 인정받고 싶어서 선배 직원들의 기대에 저를 맞췄습니다. 여직원들이 불리할 때 눈물로 넘어가려 한다는 말에 억울해도 울지 말아야겠다고 다짐했습니다. 선배 직원들의 말처럼 어떤 문제든 논리정연하고 침착하게 해결해야 한다고 생각했어요. 그런데 저는 말도 논리정연하게 할 줄 모르고 울음도 많은, 약해 빠진 어린아이일 뿐이었지요. 그들이 말하는 참한 직원의 기준과 제 모습에는 격차가 컸습니다. 저 자신을 타인의 잣대에 맞추어 판단하니 저는 점점 못난 사람이 되었습니다.

사실 모두에게 인정받고 싶다는 제 바람은 이루어질 수 없는 일이었습니다. 타인을 인정하는 기준은 사람마다 다른 거니까요. 최선을 다했지만 상사의 기준에 못 미칠 수도 있습니다. 좋은 마음으로 업무를 도와줬더니 상대는 오히려 호의를 권리로 받아들일 수도 있어요. 저는 인간의 심리를 잘 몰랐고 제가 최선을 다하면 모두에게 인정받을 수 있다고 생각했습니다. 그래서 저 자신을 다른 사람들에게 맞추면서 애를 쓰고 있었던 것이지요!

그동안 저는 다른 사람들의 기준에 맞춰 살고 있었습니다. 저는 제가 무엇을 좋아하는지, 싫어하는지 잘 몰랐습니다. 대부분의 상황에서 다른 이들의 호불호를 따라왔기 때문이었지요. 제가 사람들과 함께 있을 때 왜 이렇게 빨리 피곤해지는지, 슬픈 기분이 드는지 몰랐습니다. 그 이유는 제 생각과 감정을 무시한 채로 다른 사람의 기분을 맞춰주고 있었기 때문이었습니다.

제 인생인데 제 마음대로 살지 못하고 있었던 거였지요. 미움받고 싶지 않아서, 상처받기 싫어서. 모든 사람이 저를 좋아할 수는 없어도 싫어하지 않기만을 바랐어요. 그래서 그들이 저를 어떻게 생각하는지 신경 쓰고 그들의 기분에 눈치를 살폈습니다. 그러니 저 스스로 제 몸과 정신 상태를 살필 시간이 없었던 것입니다.

단지 제가 감정에 둔감한 사람이라고 생각했습니다. 그런데 저는 겉으로 보이는 외면에만 신경 쓰고 내면 상태에는 전혀 관심이 없었던 거였지요. 몸이 더 이상 버티지 못해 구급차를 탈 지경에 이르러서야 수용했습니다. 힘들어도 인내하고 타인에게 맞춰주다 보면 모두에게 인정받을 수 있을 거라는 믿음은 완전히 잘못되었다는 사실을요. 상대방의 생각과 감정은 제가 통제할 수 있는 것이 아니었습니다.

'그럼 나는? 누가 나를 위해 살아주지?'라는 질문으로 이어졌어요. 그리고 저는 제가 변하지 않으면 아무것도 바뀌지 않는다는 사실을 깨달았습니다. 그 누구도 대신 해줄 수 없는 것입니다. 그래서 저는 바뀌기로 했습니다. 제 마음을 바꿀 수 있는 사람은 저밖에 없으니까요.

저는 사람이 변할 수 있다는 생각을 믿습니다. 왜냐하면 학창 시절에 '공부'라는 결단을 통해 크게 변화해본 경험이 있기 때문입니다. 그런데 이 상황에서는 어떻게 변해야 할지 몰랐습니다. 저는 스스로 가장 불행한 사람이라고 생각했고 세상이 저에게만 이겨낼 수 없는 시련을 준다고 믿었으니까요. 저에게 찾아온 모든 불행이 싫었습니다.

제가 불행한 사람이라고 생각했지만 동시에 행복하게 살고 싶었어요. 그래서 저는 행복해질 수 있다는 사실을 믿기로 했지요. 행복해질 방법을 찾기로 다짐했고, 그걸 위해서라면 뭐든 다 시도할 각오가 되었습니다. '나는 행복해질 수 있다.'라는 생각을 제 신념으로 받아들인 겁니다.

당신은 지금 불행한가요? 불행해도 괜찮습니다. 지금부터 행복하기로 하면 되니까요. 우리는 바뀔 수 있습니다. 행복해질 수 있어요. '나는 행복해질 수 있다.'라는 생각을 신념으로 받아들이고, 점점 행복해지는 자신을 상상해보세요. 나에게 활력을 주는 생각에 집중하는 것이지요. 기분이 좋아졌다면 행복해지는 연습 성공입니다. 나의 보배로운 친구인 당신이 행복을 자연스럽게 받아들일 때까지 응원하겠습니다.

2

그럴 수도 있다

"타인의 말에 붙들려 불쾌한 감정을 키우는 것은

그 사람에게 조종당하는 것이나 다름없습니다."

– 『감정적으로 받아들이지 않는 연습』, 와다 히데키

   3일 입원 검사 중 둘째 날, 이날은 다른 책을 읽으면서 제가 행복해질 방법을 찾기로 합니다. 2주 전 서점에서 '감정조절'과 관련된 제목을 발견한 순간 거부감과 동시에 끌렸어요. 왜냐하면 학창 시절 '공부'를 통해 많은 성취를 낸 제가 잘난 사람이라고 생각했는데, 감정 하나 스스로 다스리지 못하는 모습이 너무 바보 같았기 때문입니다. 그런 생각을 하는 것 자체가 어리바리해 보여서 자존심이 상했습니다. 그런데 한편으로는 감정을 조절하고 싶었습니다. 원치 않는 상황에서도 차분하고 지혜롭게 대처하고 싶었어요. 행복해지려면 감정조절 능력이 필요하다는 걸 무의식적으로 자각하고 있었던 것이지요.

타인의 막말에 휘둘리다

구미에서 생활할 때, 저는 J 대리와 차장에게 막말을 들었습니다.

－내 딸은 너처럼 키우지 말아야겠다.

－너는 어리고, 고졸에, 여직원이라서 네가 가고 싶다고 해도 너를 원하는 곳은 아무 데도 없어.

이 막말을 들을 당시에는 흘려버려야겠다고 생각했지만, 저도 모르는 사이에 마음 깊숙이 뿌리박혔나 봅니다. 저는 그동안 '고졸 어린 여직원'이라는 선입견을 극복하고 싶었습니다. 편견을 가진 이들에게 미움받지 않고 칭찬받고 싶었어요. 모든 사람들이 저를 좋아해 주면 좋겠다고 생각했습니다. 특히 가장 가까운 곳에서 일하는 직원들과는 서로 아껴주며 잘 지내길 바랐어요.

저는 이제까지 다른 사람들에게 조종당하고 있었습니다. "그 정도 경력이면 두 명이 하던 업무는 혼자서 다 할 수 있어야지."라는 부장의 도발에 저를 맞췄습니다. 저는 '고졸 어린 여직원'이니까 못 한다고 말하면 안 된다고 스스로 채찍질했지요. 그런데 점점 이런 생각이 들었습니다. '다른 사람들의 주관적인 기준에 모두 맞추는 게 가능한 걸까?' 그에 대한 답은 아주 가까이에 있었어요.

타인의 평가에 모두 맞추려고 했던 결과는 바로 제 모습이었습니다.

해맑은 웃음이 매력이었는데 웃음기 싹 빠지고 꾀죄죄한 몰골이 되었습니다. 19살부터 계속 느끼던 목, 어깨, 등, 팔, 다리의 저림 증상과 그로 인해 잠을 못 이루어 피폐해진 몸 상태. 제 모습은 삶에 찌들어서 핼쑥하다 못해 툭 건들면 쓰러질 것 같은 모습이었지요.

처음에는 다른 사람들의 기준에 모두 맞추는 것이 회사생활의 일부라고 생각했습니다. 시간이 흐르면서 몸과 정신 상태가 이상해지는 걸 느꼈지만 적응 중이라 치부했지요. 그런데 구급차를 타고 입원검사를 받아야 하는 상황이 되자 정신이 들었습니다. 저는 이제 더 이상 다른 사람들의 말에 휘둘리기 싫었습니다. 제 생각부터 감정, 행동까지 모두 제가 결정하고 싶었지요.

이성적으로 판단하고 싶은 너에게

회사생활을 하면서 세 가지 생각만큼은 호불호가 명확했습니다.

– 이 사람은 왜 험담을 하는 거지? '무조건' 나쁜 사람이야.

– 내 업무가 많은데, 왜 도와주지 않는 거지? 힘들 땐 '당연히' 도와줘야지.

– '반드시' 규정대로 해야지. 다른 건 안 되는 게 맞잖아.

저는 위와 같은 상황에서 중간지점이 없었습니다. 다른 생각은 받아들이질 않았지요. 학창 시절 친구들의 뒷담화로 상처받았었기에, 남의 험담을 하는 사람들은 '무조건' 나쁘다고 생각했습니다. 그래서 나쁜 사람들과 어울리지 않기로 했지요. 팀 내 직원들끼리 힘들 땐 서로 알아주고 도와주는 게 '당연하다'고 생각했어요. 하지만 어떤 이들은 저를 알아주지도, 도와주지도 않았습니다. 그래서 저 혼자 허덕이며 일하는 듯한 상황이 서글펐어요. 수학 문제의 정답처럼, '반드시' 규정에 맞춰 일해야 한다고 믿었습니다. 맞을 수도 있고, 아닐 수도 있다는 유연한 태도는 저를 혼란스럽게 만들었지요.

상황이 제 생각처럼 흐르는 경우는 거의 없었습니다. 회사 내에 험담을 하지 않는 사람은 드물었으며, 경우에 따라 논리를 달리하는 사람들을 도저히 이해할 수 없었지요. 그래서 저는 사람들이 이상하다고 결론지었고, 이에 따라 피해 의식을 느끼는 상황은 자연스러운 순서였습니다.

회사생활을 하다 보면 '왜 저러는 거야? 이해가 안 돼.'라는 생각이 드는 상황이 자주 발생합니다. 특히 우리 주위엔 상식적으로 이해할 수 없는 사람들이 많습니다. 불합리한 업무를 지시하는 상사, 명확한 규정이 있는데도 유연함을 발휘하라고 말하는 선배 직원, 동료 직원의 공석으로 인해 남들보다 더 많이 일해야 하는 억울한 상황 등. 회사라는 조직의 특성상 다양한 생각을 하는 사람들과 함께하기에 갈등은 항상 잠재하고 있습니다. 직원 각자가 추구하는 가치관, 성격, 생각이 모두 다르기 때문이지요.

그런데 '회사니까' 자신의 감정을 억누르고 따르는 사람들이 대부분입니다. 저도 마찬가지로 감정적으로 굴어서는 안 된다고 스스로를 타일렀지요. 직장에서 언제나 감정을 억누른 결과, 심리적으로 무리가 생겼습니다. 구미에서는 감정을 주체하지 못했기에 '출장비 지급 사건'이 발생했습니다. 그리고 천안에서는 참고, 참고, 또 참다가 구급차에 실려 가게 되었지요.

저뿐만 아니라 모든 사람이 마찬가지입니다. 억지로 참으면서 건강하게 사는 사람은 없습니다. 분노나 슬픔의 감정을 한없이 참다 보면 결국 몸이든 마음이든 언젠가는 폭발하게 되니까요.

저는 상황을 객관적으로 바라보고 이성적으로 판단할 수 있는 방법을 깨달았습니다. 제가 상황을 감정적으로 받아들인 건, 단정 짓는 생각이 시작이었어요. 업무는 '당연히' 공평해야 한다는 생각에 조금이라도 틀어지면 피해 의식을 느꼈고, 정해진 규칙을 '반드시' 지키지 않으면 잘못될까 봐 두려웠습니다. '무조건', '당연히', '반드시', 단정적인 표현을 시작으로 저는 스트레스가 쌓이고 갈등을 경험했지요. 그래서 이제부터 단정적인 표현을 사용하지 않기로 했습니다. 모 아니면 도, 흑백논리 말고 유연한 태도를 받아들이기로 한 것이지요. 제 몸과 마음의 건강을 위해서요.

또한, 이제부터 제가 통제할 수 없는 상황에서 '어쩔 수 없지'만 '그냥' 넘어가기로 했습니다. 왜 저러는지 이해 안 되는 사람에게는 '잘 몰랐나 보네. 그럴 수도 있지 뭐.'라고 말하면서 훌훌 날려버리기로 했어요. 감정을 억누를 필요 없이 저에게 악영향을 주는 생각을 버리기로 한 것입니다. 처음에는 어색했지만 부정적인 생각이 제 마음을 좀먹고 있다고 생각하니까 의식적으로 버릴 수 있었습니다. 나중에는 부정적인 생각을 버리는 일이 더욱 자연스러워졌지요.

3

몸이든 마음이든
아프지 말라

검사 당일, 검사실에 들어가 환자복을 입고 기립경사 테이블에 누웠습니다. 두 명의 간호사는 저의 팔과 다리를 大 모양으로 고정한 채로 테이블의 각도를 조절합니다. 70도 경사로 조절시키고는 30분이 지나도 실신하지 않으면 저에게 약물을 주입할 것이라고 말했습니다. 제 증상을 관찰하기 위한 검사인 줄 알면서도, 기절하지 않으면 약물까지 투여한다는 사실에 가혹하다는 생각이 들었어요. 저를 테이블에 고정하고 간호사들은 자리로 갔지요. 저는 테이블에 손과 발이 묶인 채로 의식이 사라지길 초조하게 기다렸습니다. 점점 가슴이 답답해지고 호흡이 불안정해졌습니다. 제 안에서 '살려 달라'고 소리 없는 외침이 메아리쳤지만 저는 말문이 막혔습니다. 무슨 말을 하든, 이 야속한 검사는 제가 기절할 때까지 계속될 테니까요. 저는 결국 의식을 잃었습니다.

얼마나 지났는지 모르겠지만 누군가가 저를 시끄럽게 깨우고 있었어요. 눈을 뜨니 검사실 천장이 보였습니다. 눈을 감은 동안의 기억은 없습니다. 정신이 들자, 숨을 가쁘게 몰아쉬었습니다. 양옆에는 간호사 두 명이 제 주위에서 분주하게 움직이고 있었어요. 몸은 축 늘어져 있었고 눈물로 얼룩진 얼굴에서는 이 상황에 대한 두려움과 원통함이 묻어났습니다. 간호사는 움직이지 못하는 저를 휠체어에 태워 병실로 옮겨주었어요. 병실 침대에 도착하자마자 저는 고개를 떨구며 침대에 들어갔습니다. 검사실에서 실신하기 직전 느꼈던, 죽음의 공포가 떠올라서 조용히 흐느껴 울었습니다.

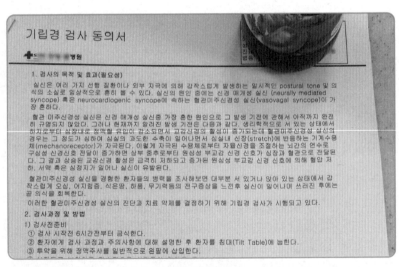

기립경 검사 동의서

내 삶을 변화시킨 의사의 조언

입원 검사가 종료되고, 검사 결과를 들으러 의사에게 갔습니다. 제가 긴장했다는 것을 눈치 챈 의사는 저에게 걱정하지 말라고 말했어요. 검사 결과, '미주신경성실신'이라는 증상이라고 알려주었습니다. 마르고 젊은 여성에게 흔히 일어나는 '질병'이 아닌 '증상'일 뿐이라며 저를 안심시켰지요.

이어서 여러 조언을 해줍니다. 의식을 잃고 머리를 부딪힐 때 뇌 손상을 조심하라는 조언, 기절할 것 같은 느낌이 들면 머리를 바닥에 대고 누우라는 조언. 에너지원이나 수분이 부족해서 실신할 수도 있으니 아침밥을 챙겨 먹고 수분 섭취를 잘하라는 조언. 기절 전, 갑작스러운 복통을 호소했던 것으로 보아 심리적인 스트레스뿐만 아니라 복통, 생리통, 변비, 설사 등 모든 통증을 조심해야겠다는 조언까지.

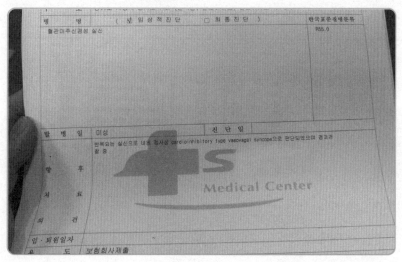

병원 진단서

이외 일상에서는 맥박 등 모두 정상이었습니다. 그런데 의사는 검사 결과지를 들춰보면서 다른 사람과 다르게 위험한 특징이 하나 있다고 말합니다. "지연 씨는 기절했을 때, 맥박이 느려지다가 심장이 4초 동안 멈췄어요."

의문 가득한 제 표정을 알아차린 의사는 더 자세하게 설명해 줍니다. 지금까지는 기절할 때 심장이 다시 뛰어서 다행이었지만, 만약 그대로 심장이 멈춘다면 갑자기 돌연사할 수도 있다는 말이었어요. 증상이 잦으면 심장 옆에 작은 제세동기를 넣어야 할 수도 있다고 언급했습니다. 그 외에 더 말했던 것 같지만 기억나지 않습니다. 제 머릿속엔 이미 '언제든지 죽을 수 있다.'라는 생각으로 가득 찼으니까요.

매년 건강검진마다 이상소견 하나 없던 몸인데, 살기 위해 심장 수술을 해야 할지도 모른다는 말에 충격을 받았습니다. 그리고 언제 어디서든 삶이 끝날 수 있다는 사실을 알고 저는 더 큰 충격에 빠졌습니다. 저는 아직 21살의 꽃다운 나이입니다. 대학에 진학했다면 즐거운 대학 생활을 즐기고 취업을 준비할 시기입니다. 어떤 이들은 대학교가 좋은 직장을 얻기 위한 수단일 뿐이라고 말하며 어릴 때 공기업에 취직한 저를 부러워했습니다.

죽음에 대해 생각하자, 그동안 사람들에게 받았던 부러움의 시선, 우월감, 성취감, 자신감이라는 모든 감정이 죽음 앞에서는 쓸모없다는 생각이 들었습니다. 그동안 제가 느낀 감정들은 모두 살아 있기에 가치 있는 것이었습니다. 저는 아직 죽음을 받아들이고 싶지 않았어요. 다양한 감정을 느끼면서 더 살고 싶었습니다. 저는 '죽음'에 초점을 맞춰 생각했고, 건강하게 살고 싶다는 열망이 생겼습니다.

저는 의사가 말하는 조언을 빠짐없이 따르기로 굳게 결심합니다. 살고 싶었으니까요. 먼저 저는 제 상태를 가까운 사람들에게 공유했습니다. 제가 의식을 잃을 것 같으면 제 머리를 즉시 바닥에 대고 눕혀달라고 부탁했어요. 그리고 저는 기절 전 증상이 와도 정신줄을 있는 힘껏 잡겠다고 다짐했습니다. 무엇보다 제게 가장 위험한 상황은 '실신 후 심정지'였기 때문입니다.

아침밥을 먹으라고 해서 반찬가게에서 반찬을 사 왔습니다. 전기밥솥으로 지은 밥을 소분해서 냉동실에 넣어두고 매일 아침 조금씩 꺼내서 먹었어요. 출근 시간이 부족하면 편의점에서 누룽지나 빵을 사서 간단히 먹었습니다. 수분 섭취가 중요하다고 해서 회사에 텀블러를 챙겨왔어요. 매일 아침 근무 전 텀블러에 물을 채우는 것을 일상으로 삼았죠. 하루 종일 필요할 때마다 물을 마셨습니다. 정신적인 스트레스를 관리해야 한다고 해서 마음이 편해지는 책을 읽고, 음악을 듣고, 명상하고, 감사 일기를 썼어요. 사소한 것에 행복을 느끼기 위해 노력했습니다. 신체적으로 아프지 말라고 해서 주중 저녁 운동을 시작했어요. 잔업이 남아도 6시가 되면 퇴근했습니다. 그리고 회사에서 일어나는 각종 가십거리나 동호회 총무 역할까지도 관심을 모두 끊어버렸지요.

저는 이 시기에 회사 일보다 제 건강이 가장 중요하다는 사실을 깨달았어요. 저는 오로지 저 자신에게만 집중했습니다. 나중에 보니 회사는 제가 없이도 순조롭게 굴러가고 있었지요. 그동안 제가 놓지 못한 것은 인정받고 싶은 욕심이었습니다. 그런데 욕심을 놓아 버리니, 마음이 편해지기 시작한 것입니다.

고난과 역경을 이겨내고 싶은 너에게

살아가다 보면 누구나 고난과 시련을 겪을 때가 있습니다. 그런데 그 상황에 의미를 부여하는 것은 우리의 관점입니다. 그렇기에 같은 고난을 경험해도 그걸 받아들이는 태도와 접근 방식은 사람마다 다르지요. 제가 진단받은 '미주신경성실신'을 예로 들겠습니다. 저는 진단을 받고 '죽음'에 초점을 맞췄습니다. 그리고 의사가 조언하는 모든 내용을 다 따르기 시작했지요. 그런데 누군가는 같은 진단을 받아도 '흔한 증상'에 초점을 맞추고 그 상황에 아무런 의미를 부여하지 않을 가능성도 있어요.

이외에도 고난과 시련의 상황은 다양합니다. 친구들에게 따돌림을 당하거나, 집안에 빨간 압류 딱지가 붙거나, 가정폭력이 일상인 것과 같은 다양한 상황에서 우리는 각자 다른 의미를 부여하지요. 누군가는 삶을 포기하는 극단적인 선택을 할 수도 있습니다. 누군가는 불공평하다는 것을 인정하면서도 변화를 추구하지 않고 인내하며 수용적으로 살아갑니다. 누군가는 자신이 직면한 고난을 극복하기 위해 지금, 이 순간 할 수 있는 일에 집중하며 능동적으로 자신의 삶을 책임집니다.

우리에게는 어떤 역경 속에서도 삶의 의미를 부여할 힘이 있습니다. 우리는 관점을 바꿈으로써 인생 교훈을 발견할 수 있고, 상황을 다르게 해석하는 힘을 가질 수도 있어요. 우리는 단편적인 상황에 의해 정의되는 사람이 아닙니다. 저는 '따돌림 당해서 불쌍한 사람'이 아니고, '따돌림을 겪었기에 타인을 더 깊게 이해할 수 있는 사람'이 될 수 있었습니다. '고졸에 어린 여직원'이 아니고, '사람들의 선입견 속에서도 자신의 꿈을 향해 나아가는 추진력 강한 사람'이 될 수 있었어요.

언제든 죽을 수 있는 상황에서 저는 '건강하게 살아가는 사람'이 되기로 선택했어요. 저는 강하게 열망했고 변하기로 선택했습니다. 그리고 절대 이전으로 돌아가지 않았어요. 매일 변화를 갈망하고 행동했지요. 2023년 7월 초에 건강검진을 받았는데요. 그 결과, 현재 나이는 27살이지만, 건강 나이는 19살로 평가받았습니다. 저는 이제 몸과 정신이 모두 건강한 건강 부자가 되었습니다!

우리는 모두 관점과 태도를 바꾸고 자신의 정체성을 선택할 수 있습니다. 나의 잠재력이 무궁무진한 친구인 당신도 삶의 의미를 부여하여 행복 부자, 건강 부자가 되기를 소망합니다.

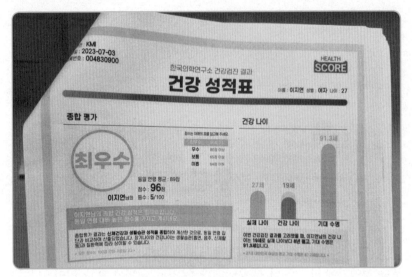

2023년 건강검진 결과(건강 성적표)

나는 휘둘리지 않기로 했다

4

지금 당장 죽을지도 몰라

언제든 죽을 수도 있다는 진단을 받은 후, 죽음에 대해 깊이 생각하는 시간을 가졌습니다. 살고 싶었어요. 그냥 사는 게 아니라 행복하게 살고 싶었어요. 하지만 심장이 멈춰서 돌연사할 수 있다는 사실은, 제가 언제 어떤 모습으로 갑자기 죽게 될지는 아무도 모른다는 의미였습니다.

누군가는 생각할 거예요. '죽음'이라는 극단적인 단어를 떠올리는 것조차 무섭고 나쁜 감정만 더 커질 뿐이라고요. 그런데 저는 왜 이렇게 '죽음'이라는 단어를 많이 사용하는 걸까요? 저도 이 단어를 처음 접했을 때는 무척이나 두렵고 낯설었습니다. 떠올리면 안 되는 나쁜 것으로 생각한 적도 있습니다.

그런데 돌이켜 생각해 보면 저는 '죽음'에 대해 깊이 고찰하면서 마음이 더 단단해졌습니다. '자살 충동'의 감정을 통해, 저에게 유리한 생각을 선택하고 행동할 수 있게 되었지요. '지금 당장 죽으면 후회할 것은?'

이라는 질문을 통해, 저 자신에 대해 더 깊이 생각해보는 기회를 가질 수 있었어요. 저는 오히려 '죽음'이라는 감정을 느끼고 생각하면서 당당해졌습니다. 그래서 저는 '죽음'이 더 이상 무섭지 않아요. 그저 세상에 태어난 생명체라면 누구나 당연하게 받아들여야 하는 삶의 순리라고 생각합니다.

누구든 언제 죽을지 모른다

이전에 소그룹 과외로 연기를 배운 적이 있습니다. 연기를 가르치는 강사는 어떤 상황이 실제로 일어났다고 상상하면서 연기하라고 했습니다. 그 상황에서 인물이 느끼는 감정, 그 감정에 따른 말과 행동을 보여주는 게 연기라고 설명했지요. 어느 날은 수업에 '도로 맞은편에서 사랑하는 사람이 나를 향해 뛰어오다가 차에 치이는 상황'이 주어졌습니다. 생각하기도 싫은 끔찍한 상황이지요. 저는 제가 가장 사랑하는 엄마를 떠올렸습니다. 그 장면을 상상하면서 연기를 하는데 하염없이 눈물이 나왔지요.

수업이 끝나고 집에 돌아가는 길에 엄마에 대해 생각했습니다. 엄마는 언제 어디서든 내 편이 되어주는 든든한 사람입니다. 자식들에게 헌신했으며 조건 없이 저를 사랑해준 사람입니다. 그런데 생각해 보면, 상상 속 상황처럼 교통사고는 언제 어디서나 일어날 수 있는 일입니다. 교통사고가 아니라도 죽음의 위험은 언제든 닥칠 수 있죠. 제가 사랑하는 엄마가 언젠가 죽게 된다는 사실은, 피하고 싶어도 피할 수 없는 순리였습니다.

저는 언젠가 엄마의 생이 끝나게 되더라도 엄마에게 사랑한다고 표현하지 못한 것 때문에 후회하고 싶지 않았어요. 저는 이날, 사랑하는 사람을 눈앞에서 떠나보내는 상상을 하면서 저에게 엄마가 무척이나 소중한 존재라는 사실을 다시 한 번 알아차렸습니다. 사람은 누구나 언제 어디서 죽을지 모릅니다. 엄마뿐만 아니라 저도 마찬가지죠. 저는 실신한 후에 심장이 그대로 다시 뛰지 않게 될지도 모릅니다. 아니면 자동차 사고를 당해서 식물인간이 될 수도 있고, 나른하게 보내던 주말에 갑자기 심장마비로 즉사할 수도 있습니다.

집에 들어가자마자 엄마를 안아주면서 사랑한다고 표현했어요. 키워주셔서 감사하다고 말했습니다. 엄마는 저에게 "무슨 일 있었어? 엄마도 우리 지연이 사랑해."라고 답하며 저를 꼭 안아주었습니다. 이어서 저는 다짐합니다. 사랑하는 사람에게 표현하는 것을 절대 아끼지 말자고 말이지요. 그 이후로 저는 엄마를 매일같이 안아줍니다. 사랑한다고 말합니다. 우리 엄마는 참 사랑스러운 사람이니까요.

언제 죽어도 후회하지 않을 자신이 있나?

죽음의 시기는 알 수 없지만, 사람은 언제 어디서든 죽을 수 있다는 진실을 깨달았습니다. 진실을 자각하자 이런 생각이 들었습니다. '내가 지금 당장 죽는다고 해도, 지금 내 모습을 후회하지 않을 자신이 있나?' 이어서 지금까지 제가 후회하는 게 무엇인지 생각했어요.

힘들 때 바로 힘들다고 말하지 못한 것.
불합리하다는 생각에도 말없이 고분고분하게 받아들인 것.
업무가 넘어올 때 나의 주장을 분명히 밝히지 못한 것.
나를 질타하던 사람들에게도 고개를 숙인 것.
싫은 일을 당해도 괜찮은 척 넘어간 것.

떠오르는 상황을 모두 종합해 보니 한 가지 결론이 나왔습니다.
'나는 지금까지 나 자신을 우선으로 두고 살지 않았구나.'

후회 없이 살고 싶은 너에게

많은 사람이 '죽음'이라는 주제를 간과하는 것 같습니다. '죽음'을 생각하고 말하는 것조차 무섭고 두렵기 때문에요. 모든 생명이 소중하다는 의견에 동의합니다. 살아 있어야 후회 없이 살아갈 기회가 생길 테니까요. 그런데 우리의 삶이 언제 끝날지 모르는 것 또한, 피할 수 없는 세상의 순리입니다. 죽음을 회피한다고 해서 그 사실이 사라지는 것도 아니고 부정할 수도 없지요.

죽음이라는 현상은 우리가 마음대로 통제할 수 있는 것이 아닙니다.

하지만 죽음에 관한 생각과 감정은 통제할 수 있지요. 어떻게 생각하고 받아들이느냐는 자신의 몫입니다. 더 나아가 활용할 수도 있습니다.

저는 그동안 '죽음'이라는 생각과 감정을 저에게 유리한 방향으로 활용했습니다. '자살 충동'을 통해, 저에게 이득이 되는 행동을 하기로 했어요. 사랑하는 사람의 죽음을 목격하는 상상을 통해, 그들의 소중함을 깨닫고 저의 감정을 충실하게 표현할 수 있게 되었지요. 가까운 지인들의 죽음을 통해서는, 남아서 살아가야 하는 사람들에 대해 생각할 기회를 얻었습니다. '죽음'이라는 생각과 감정을 통해 저는 새로운 관점과 태도를 얻었습니다.

저는 지금도 '나는 언제든 죽을 수 있어. 지금 당장이라도 죽을 수 있지.'라는 진실을 상기시키며 살아가고 있습니다. 그래서 과거를 후회하지 않습니다. 현재의 순간을 후회 없이 살아가기 때문입니다. 저는 자신 있게 주장할 수 있습니다. '죽음이 내 인생을 살렸다.' 그렇기에 저는 오늘도 원하는 모든 것을 할 수 있는 삶의 기회에 감사하며 살아가고 있습니다.

죽음을 피할 수 없으니 받아들이라고 말하는 게 아닙니다. 또한 매일 극단적인 상황을 상상하라는 것도 아닙니다. 그저 지금 당장 죽을 수도 있다는 사실을 알아차리고 삶을 살아가면, 현재 이 순간이 얼마나 소중한 시간인지 깨달을 수 있다는 것입니다. 저는 언제든지 죽을 수 있다는 사실을 자각하면서 지금 당장 어떤 행동을 취해야 할지에 대한 해답을 찾을 수 있었습니다. 저는 죽음을 체감한 후 행복하기로 선택했으며, 변화하기로 결심했습니다. 즉시 행동했고, 그 결과로 저 자신을 사랑할 수 있게 되었지요.

나의 축복받은 친구인 당신도 필요하다면, '죽음'이라는 생각과 감정을 활용하기를 바랍니다. 직면하고 용기를 가져보는 겁니다. 그렇게 하면 지금, 이 순간을 후회 없이 소중하게 살아갈 수 있게 됩니다. 인생에서 무엇이 가장 중요한지 깨달을 수도 있고 말이나 행동에 변화가 찾아올 수도 있습니다. 만약 죽고 싶다는 생각이 들면 잠깐 심호흡을 하고 다시 생각해 보는 겁니다. 지금 느끼는 극단적인 불행은, 행복을 찾아낼 가장 큰 기회라고요. 불행을 느껴본 적 없다면 행복해지고 싶다는 열망도 생기지 않으니까요. 행복을 깊이 열망하는 사람에게는 행복이 찾아옵니다. 그러니까 당신은 행복해질 거예요.

행복하게 살기로 선택하고 변화하기로 결심했다면, 그 즉시 행동하세요. 어떤 상황에서도 긍정적인 변화를 추구하는 방향으로 '죽음'을 활용하는 거지요. 누군가를 위해서가 아니고, 오로지 '나 자신'을 위해서 말입니다.

오늘부터
내 인생의 주인공은 나야

입원 검사를 하는 동안 책을 읽었고, '죽음'을 생각하며 저 자신을 객관적으로 되돌아볼 수 있었습니다.

저는 타인을 지나치게 의식하고 있었어요. 어떤 이가 저에게 거는 기대치는 얼마나 될지 궁금해 하며 이 사람이 나를 좋아하는지 싫어하는지 눈치를 보면서 살아왔습니다. 사람들의 특성을 유심히 관찰하며 그들이 좋아할 만한 말과 행동을 골라서 했습니다. 저는 누군가를 위해 몸과 정신을 희생하고 있는데 그에 상응하는 보상은커녕 일이 늘어난다는 생각에 스트레스가 쌓였어요.

제가 노력하면 사람들의 선입견은 사라질 거라는 신념을 가지고 있었지요. 이렇게 말하면 일을 미루는 것처럼 보이진 않을까, '고졸 어린 여직원'이라서 못한다고 생각하는 건 아닐까 고심했습니다. 그래서 업무량이 많아도 일을 다른 이에게 부탁하지 않았어요. 그게 능력을 인정받는 길이라 생각했습니다.

그동안 저보다 타인을 우선으로 두고 의사결정을 내리고 있었습니다. 어떤 상황이 다가와도 감정을 억누르고 타인의 의견을 수용하려고 하다 보니 몸과 정신이 완전히 지쳤지요. '내가 지금 당장 죽어도 후회하지 않을 자신이 있나?'라는 질문을 통해 저의 신념과 가치관이 잘못되었다는 걸 깨달았어요. 물론 이미 지나간 시간을 돌이킬 수는 없습니다. '이렇게 했으면 좋았을 텐데.'라는 생각은 후회에 갇혀 자신을 가두는 일일 뿐이니까요. 그래서 저는 이날 인생의 결단을 하고 바뀌기로 합니다.

인생의 결단, 내 삶에 1순위는 나 자신

이제부터 제가 중점이 되는 삶을 살 것입니다. 다른 사람의 취향에 맞추어 제 생각, 시간, 기분 등을 휘둘리지 않기로 다짐합니다. '고졸 어린 여직원'이라는 사람들의 선입관에 대해 더 이상 신경 쓰지 않을 것입니다. 다른 이들의 말에 휩쓸리는 일은 없습니다. 이젠 누가 뭐라고 말하더라도 제 감정과 생각을 최우선으로 존중해 줄 것입니다. 나를 진정으로 위할 수 있는 사람은 나뿐이니까요.

제 가치와 목표에 충실하며 자신을 사랑하고 배려하는 삶을 살 것입니다. 저 자신을 위한 선택과 행동을 할 것이며, 그에 대한 책임, 용서, 이해가 필요하다면 기꺼이 수용할 것입니다. 이제는 저를 위한 시간과 관심을 소중히 여기면서 최선을 다하는 새로운 여정을 시작하겠습니다. 언제 죽어도 여한이 없을 정도로 매일 행복해질 것입니다. 오늘부터 내 인생의 주인공은 오로지 '나'입니다.

이날을 기점으로 제 생각과 행동 방식이 완전히 변화합니다. 이제 상황을 객관적으로 바라볼 수 있게 되었습니다. 그래서 제가 통제할 수 없는 일에 대해서는 '그럴 수도 있지.'라고 생각하며 넘어갈 수 있었어요. 부장의 호출도 더 이상 스트레스로 다가오지 않았습니다. 그냥 이렇게 생각하고 말았지요. '부장의 입장이라면 부를 수도 있지 뭐. 이게 다 내가 핵심 인력이라 그런가 보다!' 의사의 조언대로 정신적인 스트레스를 받지 않도록 제 생각을 다스렸습니다.

또한, 야간대학교에 다니고 싶은 열망이 생겼습니다. 그동안은 다른 사람들의 시선을 신경 쓰느라 상상조차 못했지요. 야간대를 다니기 위해서는 회사의 근무 시간을 조정해야 했는데, 그런 직원은 어느 회사에서나 원하지 않을 테니까요. 마침 몇 주 후에 입학원서 제출 기간이었습니다. 저는 지금 당장 실행하지 않으면 죽어서 후회할 것 같아서, 회사에 다음 연도부터 야간대학교에 다니겠다고 공표했어요. 그리고 이 행동을 하면서 깨달았습니다. '내가 결심하면 시작할 수 있는 거였구나.'

그런데 한 가지 문제가 있습니다. 저는 대학교 입학과 비슷한 시기에 직무를 바꿔야 했죠. 바뀌게 될 직무는 고객 창구 응대 업무입니다. 대학교에 다닌다면 근무 시간 조정으로 매일 오후 5시부터 6시까지는 동료 직원에게 고객 응대를 부탁해야 합니다. 동료 직원의 입장에서는 업무가 가중되는 상황이기에 당연히 저를 원하지 않을 테지요. 이때, 항상 저를 괴롭혀 온 구미 차장의 모습이 떠오릅니다. "너는 어리고, 고졸에, 여직원이라서 네가 가고 싶다고 해도 너를 원하는 곳은 아무 데도 없어." 저는 이제 두려울 것 없습니다. 지금 대학교를 안 가면 죽을 때 후회할 테니까요. 저는 상상 속의 차장에게 대답합니다.

"어쩌라고요. 이제 제 인생의 1순위는 저 자신입니다. 당신이 뭐라고 하든지 이제 저는 제 길을 갈 거예요. 그로 인해 타인에게 피해가 간다면, 그건 제 나름대로 최선을 다할 거예요. 대학교에 다니겠다는 결심은 저를 위한 선택이니, 그에 따른 책임을 질 겁니다. 필요하다면 업무도 기꺼이 더 받을 수 있습니다. 이젠 당신의 선입견과 비판에 휩쓸리지 않을 거고, 저의 생각과 감정을 지키면서 살아갈 겁니다."

회사 내 직무순환제도에 따라 대학 입학 전에 업무가 바뀌었어요. 직무가 바뀌더라도 재학 기간을 피해서 배치된다면 어떤 일이든 상관없다고 생각했습니다. 그래서 할당된 직무가 대행자 없는 고객 응대 업무입니다. 대행자가 없어서 대부분 직원이 피하는 일이었지요. 억울하지는 않았습니다. 퇴근 후 저의 선택을 실행할 수 있는 상황에 감사했어요. 곧 새 학기가 시작되어 매일 등교할 예정이었습니다. 업무를 배울 수 있는 기간은 한 달, 저는 이 기간 내에 모든 내용을 숙지하고 대학 생활을 시작하기로 결심했어요. 그때부터는 일이 밀려도 야근할 수 없으니, 직무에 배치된 당일부터 매일 야근하며 주도적으로 업무를 배웠습니다.

이후 팀 내 터줏대감 과장은 제가 고객을 응대하는 모습을 보고 입을 벌리며 감탄합니다. 또한, 저에게 "내가 너를 스카우트할게."라는 감언이설로 저에게 많은 업무를 부여한 차장은, 제 업무 습득 속도에 깜짝 놀란 표정을 보였지요. 더불어 2~3일마다 불러서 저를 타박했던 부장도 제 업무 능력을 칭찬하며 저를 지지하기 시작했습니다.

타인에게 인정받고 싶은 너에게

인정받고 싶고, 칭찬받고 싶고, 사랑받고 싶고, 누구와도 잘 어울리고 싶고, 미움받고 싶지 않고, 버림받고 싶지 않고. 인정욕구는 자기가 중요한 사람이 되고 싶은 욕망에서 시작됩니다. 저는 고등학생 시절, 사람들이 부러워할 법한 성과를 세 개 달성했습니다. 매 학기 성적우수, 3년 내 자격증 24개 취득, 공기업 취직. 학교를 날아다닌다는 느낌이었어요. 마치 제가 세상의 중심이 된 것 같았습니다.

그런데 막상 회사생활을 시작하니, 저 자신이 보잘 것 없는 사람 같았어요. 단순 반복적인 업무가 부여되었고 일상은 쳇바퀴처럼 반복되었습니다. 사람들은 저를 있는 그대로 봐주지 않고 '고졸 어린 여직원'이라는 색안경을 통해 바라봤지요. 저는 인정받고자 하는 갈망을 채울 방법으로 다른 사람들의 기대에 맞추며 살기 시작합니다. 그래서 감정적으로 힘들었던 것입니다. 저 자신을 다그치면서 타인이 원하는 것에만 집중하고 있었으니까요.

우리는 인정받고 싶지만 모든 사람이 우리를 좋아하지는 않지요. 사람은 모두 자기만의 기준으로 다른 이들을 멋대로 판단하며 살아갑니다. 그것은 어떤 대상을 향한 고정관념이나 관점, 선입견입니다. 그리고 우리를 향한 그들의 편견은 우리가 통제할 수 없습니다.

모두에게 인정받지 않아도 괜찮습니다. 때론 미움받을 수도 있죠. 누군가의 생각이 우리와 비슷할 수도 있고, 다를 수도 있어요. 사람은 누구나 자기만의 편견을 지녔으니까요. 자신을 다른 이의 기준에 맞추는 행동은 자신을 버리는 행위입니다. 타인의 생각, 감정, 가치관은 제가 통제할 수 없기에 이룰 수 없는 욕심이기도 하지요.

'내 삶에 1순위는 나 자신'이라는 결단 이후로, 예전부터 갈망하던 타인의 인정과 칭찬을 얻게 되었습니다. 아이러니하게도 제가 다른 사람들에게 맞추어 살 때는 인정받지 못했는데, 저 자신을 먼저 생각하자 다가온 것입니다.

그런데 이제 저에게는 다른 이들의 인정이 중요하지 않습니다. 제가 원하는 일을 마음껏 할 수 있는 자유로움이 더욱 중요해졌습니다. 다른 사람들이 어떻게 생각하든 상관하지 않고 제가 원하는 것에 집중하는 삶을 살고자 합니다. 이것이 제가 원하는 행복입니다.

인생의 우선순위를 바꾸고 새로운 삶을 시작했습니다. 생각을 전환함으로써, 예전에는 타인의 시선을 의식하며 포기했던 것들을 이제는 모두 도전할 수 있게 되었습니다.

제4장

결단 후 시작된
빛나는 나의 성장기록

1

대학 입학 :
주어진 환경에서 최선을 다하기로 했다

2018년도 3월, 새 학기가 시작되었습니다. 동급생 중에는 저처럼 학업과 일을 병행하는 직장인들과 고등학교를 갓 졸업한 동생들까지 뒤섞여 있었습니다. 나이는 모두 제각각이지만 우리는 모두 1학년입니다. 우리는 이제 4년간의 대학교 생활을 시작합니다.

1학년 첫 학기엔 시간표가 정해져 있어서 그대로 따라야 했습니다. 대학교 강의는 월요일부터 금요일까지 총 18시간이고, 강의는 오후 6시에 시작했어요. 평일 5일 중 3일은 오후 8시 40분, 2일은 9시 30분이 넘어서야 수업이 종료되었습니다. 경영학원론, 경제학원론 등 경영학 전공 수업을 듣는데 숫자도 많고 처음 접하는 개념들에 당황스러웠습니다. 같은 반 학우들을 관찰하니 모두 저와 같은 생각인 듯 보였죠. 빡빡한 일정과 어려운 수업 내용을 보고는, 한 달 전부터 회사 업무를 미리 숙지해두길 잘했다는 생각이 들었습니다.

퇴근 후 피로와 복잡한 전공 수업 내용에도 불구하고 대학교에 다닌다는 설렘과 기쁨이 가득합니다. 그리고 신선한 환경에서 새로운 사람들을 만나는 기회에 감사했습니다. 저는 회사와 대학교를 병행하겠다는 결정이 제 인생에 큰 의미였음을 곧 알게 됩니다. 저에게 대학교 생활은 인생의 성장 그 자체였지요. 매일 새로운 개념을 배우고 생각을 연결하면서 더 성장했습니다. 이번 학기는 저에게 성장의 첫걸음이었죠.

직장인 4년 3개월 차. 나는 공부하려고 운동해

동급생 중 한 명이 필라테스를 함께 하자고 권유했습니다. 오후 9시 수업이 마지막이니까, 8시 40분에 수업을 마치고 가면 운동을 할 수 있다고 말합니다. 저는 시간도 촉박하고 조급하게 움직이면 힘들 것 같아서 운동 등록을 주저했습니다. 그런데 문득 대학원을 병행하던 회사 직원의 말이 떠올랐어요. "나는 공부하려고 운동해~." 그녀는 일과 학업을 함께 하려면 체력이 필수라면서 몸소 실천하고 있었습니다. 회사 일만 하다 보면 체력이 부족해져서 공부하기 힘들어진다고 말했죠. 그녀는 피곤하다고 변명을 늘어놓던 저에게 운동의 필요성을 다시 한 번 일깨워주었습니다.

생각해 보니 저는 불과 6개월 전에 건강을 최우선하자고 결심했습니다. '몸이든 마음이든 아프지 말라'는 의사의 조언을 빠짐없이 따르기로 했어요. 특히나 저는 몸 상태와 환경이 좋지 않았죠. 장기간 컴퓨터 업무로 인한 일자목에 어깨도 말려 있었고, 회사에서는 고객을 응대하느라 스트레칭 할 여유도 없었습니다. 그리고 퇴근 후엔 바로 학교에 가서 수업을 들어야 했지요.

제 건강을 유지하기 위해서라도 운동이 꼭 필요한 상황이었어요. 그런데 피곤할 것 같다는 변명으로 운동을 주저하다니요? 그것은 저 자신을 우선으로 두는 행동이 아니었습니다. 저는 변명과 핑계로 운동을 주저한 것을 반성하고 즉시 운동을 등록했어요. 그리고 일주일에 2회씩 꾸준히 다니기 시작합니다.

이 행동은 탁월한 선택이었습니다. 그때 시작한 운동이 현재까지도 운동습관으로 자리 잡았고, 지속적인 운동은 일과 학업의 병행에도 4년 간 지속할 수 있는 체력과 회복력을 선물했으니까요. 그뿐만 아니라 집중력 및 생산성에도 긍정적인 영향을 미치게 되지요.

직장인 4년 6개월 차. 공부하면 할수록

2018년도 6월 말, 기말고사 기간입니다. 기절이라는 끔찍한 경험을 통해 다짐한 게 있었습니다. '무리하지 말자.' 그런데 공부하면 할수록 고등학생 시절 제가 해낸 성과와 목표를 이뤄냈던 감정이 떠올랐어요. '나는 고등학교에서 성적과 자격증 목표를 모두 이뤄낸 사람이야. 이번에도 충분히 잘할 수 있어!' 저는 공부를 통해 큰 성과를 낸 경험이 있었습니다.

과거의 성취 경험은 제 능력에 대한 자신감이었고, 공부에 대한 열망을 다시 한 번 불타오르게 만들어주었지요.

시험공부를 하면서 정리해 둔 요약본을 출근 준비하면서 반복적으로 읽었습니다. 요약본은 사무실 책상에 두고 근무 중에도 틈틈이 들춰봤어요. 점심시간에는 밥을 먹고 사무실에 내려와 강의 내용을 다시 한 번 읽었습니다. 공부하다가 생소한 개념이 나오면 경영학과를 졸업한 인턴 직원에게 도움을 청했어요. 또한 동급생 동생에게 밥을 사주면서 문제 풀이 방법을 배웠습니다. 평일뿐만 아니라 주말에도 공부하며 제가 완전히 이해할 때까지 계속 공부했지요.

대학교 첫 학기 시험 결과가 발표되었습니다. 동급생 40여 명 중 1등입니다. 생소한 개념들도 저의 반복적인 공부 공격에 항복했나 봅니다. 이 덕분에 다음 학기엔 성적우수 장학금을 받을 수 있었지요. 과로하지 않겠다는 학기 초 다짐에도 불구하고, 배움에 대한 열정은 어떤 상황에서도 제가 성실하게 행동할 수 있게 했어요. 흔들리지 않는 열망과 끊임없는 노력을 통해 저는 학교에서 성과를 낼 수 있었습니다.

대학교 공부

시작하려고 하는데 잘할 수 있을지 두려운 너에게

일과 공부를 병행하면서도 학교에서 성과를 냈을 때의 과정을 돌이켜

보니 '행동'이 중요하다는 사실을 깨달았습니다. 공부에 대한 열망과 자

신감은 과거의 성취에서 비롯되었지만, 스스로의 결정에 따라 행동하는

것이 진정으로 저를 앞으로 나아가게 하는 원동력이었어요. 회사에 일을 경험하러 온 인턴 직원에게 도움을 청하기도 하고, 고등학교를 갓 졸업한 동급생 동생에게 질문해서 모르는 개념을 완전히 이해하고자 했습니다. 배움에 대한 열망으로 자존심 생각하지 않고 누구에게든 도움을 요청했지요. 어떤 상황이 닥쳐도 해낼 수 있다는 자신감으로 평일 점심과 저녁, 주말이라는 휴식 시간을 할애하면서 공부했습니다.

주어진 환경에서 최선을 다하는 저의 행동은 제 능력에 대한 믿음을 키웠습니다. 능력에 대한 믿음은 자신감이 되어 저를 앞으로 나아가게 했고 그 과정에서 조금씩 눈에 보이는 성과가 나왔어요. 그 작은 성과들은 저에게 더 큰 성취를 이룰 수 있다는 확신을 심어주었습니다. 확신은 제가 끊임없이 행동하도록 밀어주는 추진력이 되었지요. 최선의 행동, 믿음, 자신감, 작은 성과, 확신, 추진력. 이 과정을 반복하면서 저만의 선순환 고리를 만들었습니다.

결단하고 행동하고 성과로 내보인 것은 저만의 특별한 능력이 아닙니다. 모든 사람에게는 한계가 없어요. 누구나 바라는 모습으로 변화할 잠재력이 내재되어 있습니다. 끊임없이 성장할 수 있는 능력이 있어요. 믿지 않으면 이 진실을 받아들일 수 없죠. 안 된다고 생각하니까 안 되는 거예요. 못 한다고 생각하니까 못 하는 겁니다. 한계는 자신의 생각으로 만들어진 경계일 뿐이니까요.

변화할 자신감도 없고, 성장할 능력도 없고, 운동할 체력도 없고, 공부할 시간도 없고. 지금 환경만으로도 만족하나요? 그럴 수 있습니다. 그래도 돼요. 하지만 지금 불행하다는 생각이 든다면, 180도 변화할 기회입니다. 그때가 되면 이 문장을 꼭 기억하길 바라요. "나는 변화할 수 있다."

나의 강인한 친구인 당신이 '성장이 행복이다.'라는 진실을 알아차리면, 즉시 바뀌기로 결단하고 최선의 행동을 시작해서 당신만의 선순환 고리를 만들어내기를 진심으로 고대합니다.

2

장학생의 하루일과 :
단단하고 확고한 사람이 되기로 했다

평일 오전 7시에 알람이 울립니다. 알람을 끄고 일어나 부엌으로 갑니다. 냉동실에서 소분해 둔 밥을 꺼내 전자레인지에 넣고, 밥이 돌아가는 1분 30초 동안 냉장고에서 전에 사둔 반찬을 꺼냅니다. 반찬 뚜껑을 열어 김이 모락모락 나는 밥과 함께 아침밥을 먹은 후 출근 준비를 합니다. 밥이 없을 때는 가스레인지에 냄비를 올려놓고 누룽지와 물을 부어 끓였어요. 누룽지가 완성되는 20분 이내에 출근 준비를 하고 아침 식사를 했지요.

학교 수업과 시험공부로 바쁜 날에는 아침에 늦잠을 자기도 합니다. 이럴 때는 대략 오전 7시 20분 이후에 일어나는데, 서둘러 출근 준비를 하고 출근길 편의점에 들러 간단한 끼니를 해결합니다. '몸이든 마음이든 아프지 말라'는 의사의 조언에 따라 아무리 피곤한 날에도 아침밥은 꼭 챙겨먹습니다.

회사에 출근하면 오전 8시에요. 창구 업무의 특성상 업무를 능동적으로 조절하며 일할 수가 없습니다. 외부 고객의 신청에 맞춰 업무를 처리해야 하기 때문입니다.

정신없이 일하다 보면 어느새 오후 4시, 퇴근까지 한 시간 남았습니다. 퇴근 후 바로 학교에 등교하기 때문에 조급해집니다. 팩스로 들어온 신청 서류를 검토하고 있는데 전화가 옵니다. 서류 작성 방법을 문의하는 고객이에요. 전화를 끊으니 다시 전화벨이 울립니다. 전화를 받던 중, 제 앞 창구에 고객이 앉아 있다는 걸 알았지요. 그 고객에게 양해를 구한 뒤 통화를 이어갑니다. 통화가 끝나고 내방 고객 응대를 시작했어요. 고객 응대 중에도 전화벨은 울립니다. 눈앞의 고객을 응대하느라 전화를 받지 않았더니 같은 고객이 3회 이상 전화 연결을 시도합니다. 내방 고객에게 이해를 구한 뒤 수화기를 드니, 전화 연결된 고객이 화를 냅니다. "아, 왜 이렇게 전화가 안 돼요?!" 저는 고객에게 사정을 설명하고 양해를 구한 뒤에 전화를 끊었습니다. 그리고 내방 고객을 마저 응대합니다. 고객의 뒤편에는 어느새 다른 고객이 서류를 한 뭉치 들고 서서 기다리고 있습니다.

퇴근 시간까지 20분 남았습니다. 뒤에 내방 고객도 있고 전화도 해줘야 하는데 아직 화장실도 못 갔어요. 집중해서 빠르게 일을 끝마치니 퇴근 2분 전입니다. 화장실은 학교에서 가기로 합니다.

정확히 오후 5시가 되자 곧장 짐을 싸서 자리를 박차고 일어납니다. 지하 주차장으로 내려가서 차에 시동을 걸고 학교로 향했어요. 학교 수업은 오후 6시에 시작합니다. 오후 5시 5분쯤 지하 주차장을 나서면 5시 30분 정도에 학교 식당 건물에 도착하지요. 재빨리 주차하고 구내식당에 뛰어 올라갑니다. 10분 내에 먹을 수 있는 양만 배식 받습니다. 보통 오후 5시 40분경에 테이블에 자리를 잡고 앉았지요. 50분이 되면 식사를 마치고 주차장으로 향합니다. 강의실 건물까지는 차로 약 1~2분 정도 소요됩니다. 강의실 건물에 주차한 뒤에 교재를 챙겨 강의실에 들어갑니다. 자리에 짐을 두고 화장실에 다녀옵니다. 그러면 오후 6시, 강의가 시작됩니다.

가끔 퇴근 5분 전에 찾아오는 고객도 있었어요. 그러면 회사에서 조금 늦게 출발하기에 학교 편의점에서 간단히 끼니를 해결해야 했지요. 이럴 때는 제 소중한 시간을 회사에 뺏겼다는 생각에 짜증이 나기도 했습니다. 오후 5시에 바로 퇴근하지 않으면 저녁밥을 먹을 시간이 줄어들기 때문입니다. 안 그래도 타지에서 주경야독하는데, 삼시세끼를 챙겨먹을 식사시간 확보는 누구에게도 양보할 수 없는 저만의 건강습관이었지요. 하지만 저는 고객이 제 퇴근 시간을 모른다는 사실을 되새겼습니다. 담당자 퇴근 시간을 모르는 고객이 찾아온 상황은 제가 통제할 수 없는 일이지요. 이러한 어려움에도 불구하고 학교를 계속 다닐 수 있어서 감사하다 생각하며 마음을 다스렸습니다.

오후 8시 40분, 학교 수업이 끝나면 재빨리 학우들에게 인사하고 강의실을 나옵니다. 학교 주차장에서 출발하면 오후 8시 45분입니다. 약 10~15분 거리의 필라테스 센터로 향했어요. 적당한 자리에 주차하고 재빨리 운동복을 챙겨 필라테스 센터로 들어갑니다. 정확히 오후 9시입니다. 저는 1분 만에 운동복으로 갈아입고 필라테스 수업에 합류합니다.

운동을 마치고 사택에 도착하면 오후 10시 15분, 취침 준비 후 다음 날 일정을 확인합니다. 그리고 자정쯤 잠자리에 듭니다. 시험 기간에는 새벽 2시까지 공부하고 다음 날이 이어집니다.

직장인 4년 9개월 차. 나에게 주어진 시간의 무게

일과 학업의 병행으로 일상이 점점 빡빡해지니 시간이 더 소중해졌습니다. 오후 5시에 퇴근하면 학교에는 5시 30분에 도착하지요. 30분 내에 저녁식사와 수업 준비를 마쳐야 합니다. 시간이 항상 촉박했죠. 하지만 제 건강을 생각해서라도 저녁 식사를 거르기는 싫었습니다.

처음에는 학교 식당에서 새로운 친구들과 함께 밥을 먹었어요. 그런데 친구들은 구내식당 음식을 불평하면서 배달 음식을 먹거나 편의점에서 간단히 끼니를 해결하고 싶어 했지요. 일부는 저녁 식사를 아예 거르거나 수업에 늦더라도 외부 식당에서 밥을 먹고 오기도 했습니다. 저는 배달 음식이 불필요한 과다 지출이라 생각했고 강의 시간에 늦어서까지 저녁밥을 먹고 오기도 싫었어요. 편의점에서 매일 삼각김밥이나 라면을 먹고 싶지도 않았지요. '내 삶의 1순위는 나 자신' 결단 전의 저라면 이런 상황에서 친구들에게 맞춰주었을 것입니다. 그러나 저는 학교 식당에서 혼자 식사하기로 결정합니다.

혼자 밥을 먹기로 한 것은 사소한 결정처럼 보일 수도 있습니다. 하지만 이 결정은 제 취향과 건강을 우선하겠다는 다짐을 반영한 것입니다. 저는 다른 사람들의 의견에 순응할 필요가 없다는 것을 깨달았습니다. 이러한 사고방식의 변화는 저 자신을 아껴주고, 다른 이들의 의견도 존중하는 결정을 내릴 수 있도록 힘을 실어주었습니다. 저 자신의 생각과 감정을 가장 우선함으로써 외부의 자극에 저항하고 내면의 욕구에 귀를 기울일 수 있게 되었지요. 이 작은 결정을 통해 저는 제 판단을 존중하고, 그것이 제 삶에 가져온 긍정적인 변화를 받아들이기 시작했습니다.

친구들과 생각이 다르다면, 혼자 하면 되지 뭐 어떤가요? 친구들의 의견에 모두 다 따를 필요 없습니다. 다른 사람들의 취향에 억지로 맞춰줄 필요 없어요. 그동안 타인을 존중해준 것처럼 이제는 자기 자신을 존중해 줘도 괜찮습니다. 다른 사람을 이끌 필요도 없어요. 어차피 타인의 생각과 감정은 내가 다스릴 수 있는 게 아니니까요. 그들이 자기 생각을 주장하는 것처럼 나도 나의 생각을 주장할 뿐입니다.

일과 학업을 병행하던 저는 '힘들다', '어렵다', '못 하겠다'라고 말하면서 쉽게 포기할 수도 있었습니다. 아무도 그에 대해 의문을 품거나 비난하지 않았을 거예요. 왜냐하면 제 하루일과는 누가 봐도 24시간이 힘들고 바쁜 일상이었으니까요. 하지만 회사와 대학교를 동시에 다니겠다는 결정은 변화를 위한 저의 선택이었어요. 전적으로 제 책임입니다.

'내 삶에 1순위는 나 자신'이라는 인생의 결단을 한 날 이후로 저는 변했습니다. 저는 모든 상황을 부정적으로 받아들이고 피해의식을 느끼던 과거로 돌아가고 싶지 않았어요. 그렇게 살면 화병이 나서 제풀에 지쳐 쓰러질 테니까요.

저는 대학교를 다니며 공부하는 당시의 환경에 감사함을 느꼈어요. 어떻게 하면 제가 바라는 것들을 모두 이뤄낼 수 있을지 궁리했습니다. 어려운 상황에서도 일관되게 행동하는 저 자신을 칭찬했어요. 지칠 법한 환경에도 가시적인 성과를 만들어가면서 성장에 대한 열망이 강해졌습니다. 이 과정을 통해 저는 외적인 성과뿐만 아니라 내적인 성장도 경험했지요. 저는 더 단단하고 확고한 사람이 되었습니다.

대학교 성적 우등상&학위증

3

회사 내 Top 17 :
생각과 감정을 긍정적으로 다스리기로 했다

회사는 전국에 여러 본사와 지점을 포함하여 약 2만 2천 명이 근무하고 있습니다. 이 중 저와 유사한 업무에 종사하는 인원은 대략 990명입니다(15개 본부, 183개 지사에 평균 근무 인원 5명). 저는 2020년 8월에 회사에서 '2019년 영업왕'을 수상했습니다. 이 상은 한마디로 본부 내 영업 업무를 하는 직원 중 제가 가장 많이 일했다는 의미입니다. 이 상의 의미를 알게 된 일부 직원들은 이렇게 말합니다.

"차라리 일 조금 하고 이런 상 안 받는 게 낫겠어요."

직장인 5년 3개월 차. 나에게 주어진 업무의 무게

하루 평균 4~8명의 내방 고객 응대와 40~50통의 전화응대를 처리했습니다. 어떤 날은 전화를 끊자마자 다른 전화가 연속해서 오거나 전화 응대하는 동안 내방 고객이 눈앞에서 기다리기도 합니다. 내방 고객 응대 중에도 전화벨은 멈추지 않습니다. 전화를 받으면 고객은 수화기 너머로 전화 연결이 어렵다고 비꼬는 말을 합니다. 저는 천천히 심호흡하며 온갖 즐겁고 감사한 감정을 떠올립니다. 평정심을 유지한 채로 상대에게 상황을 정중하게 설명하고, 끝나고 전화 주겠다고 약속한 뒤 가볍게 전화를 끊습니다. 그리고 제 앞의 내방 고객을 이어서 응대합니다.

10~20건의 팩스 접수, 가끔 당일에 찾아와 20건 이상의 접수를 요청하는 공사업체도 있습니다. 팩스 제출한 신청서는 정보가 불완전한 경우가 많아서 일반적으로 신청인과 최소 두 번 이상 전화 통화가 필요합니다. 가끔 업체에서 서류를 한 뭉텅이를 들고 와서 지금 당장 처리해달라고 요청하기도 하는데요. 당일에 처리하기 어려울 때는 상대를 설득하곤 했습니다. 업체를 설득하면 저는 다음 날 오전 8시~9시에 집중해서 효율적으로 처리합니다.

고객은 동시다발적으로 찾아왔지만 몸이 한 개라 여러 업무를 동시에 처리할 수는 없었습니다. 그리고 하루에 처리해야 할 업무량이 많다 보니 어떻게 하면 더 효율적으로 일할 수 있을지 궁리했어요. 하루 8시간이라는 지정된 시간 내에 업무를 완료하는 데 우선순위를 두었지요.

주어진 시간 내 빠르게 처리해야 했지만 서두를 때 오류가 발생하는 상황을 가장 조심했습니다. 사람의 실수로 인한 민원은 더 많은 시간을 낭비하게 될 테니까요. 그래서 처리 완료한 서류를 서류철에 넣기 전에 꼼꼼히 재확인했습니다. 오전 8시부터 9시까지 혼자 근무하는 시간에는 방해받지 않고 오로지 한 가지 일에만 집중하여 생산성을 극대화했어요. 덕분에 짧은 시간에 많은 것을 해낼 수 있었지요.

　고객 전화를 두려워할 시간도 없이 바빴어요. 그러다 보니 전화를 걸고 받는 것이 거리낌 없어졌지요. 어떻게 하면 고객이 제 말을 더 쉽게 이해하고, 더 빨리 수용할 수 있을지 연구했어요. 제 언어와 접근 방식을 조정하면서 저만의 고객 응대 방법을 터득할 수 있었습니다. 다양한 고객과의 상호 작용을 통해 고객의 요구 사항을 신속하게 파악하고 요청의 핵심을 식별하는 능력을 키울 수 있었어요. 고객의 요구가 무리하거나 실행 불가능하다면 불가 사유를 고객에게 설득하는 기술도 습득하게 되었지요.

　제 업무는 모두가 꺼리는 직무였습니다. 게다가 전임자보다 더 많이 할당받았지요. 잔머리를 굴려서 피하면 되지 않겠느냐고 생각하는 사람도 있을 것입니다. 공기업은 강력한 노조로 직원 해고가 쉽지 않으니까요. 일리 있는 생각입니다. 저도 과도한 업무량을 원하지 않았어요. 더 많이 일한다고 바보 취급을 받는다면 어느 누가 일을 더 하겠다고 나설까요? 남들과 비슷한 게 가장 낫다고 생각하겠지요.

　과거 업무 재조정 요청을 했을 때, 두 번 묵살된 적이 있습니다. 그 당시엔 이해할 수 없었어요. 하지만 지금은 충분히 이해합니다. 저는 그때 상대의 입장을 생각하지 않았어요. 제 업무량에만 압도되어 이기적으로 생각하고 행동했습니다. 저로 인해 업무가 늘어날 상대방의 입장은 고려하지 않고 제 감정과 생각이 우선이었지요. 제가 희생한 만큼 그들이 당연히 알아줄 거라는 잘못된 확신이 있었던 것입니다.

저는 제가 들기 싫은 짐을 누군가에게 덜어내고 싶지 않았습니다. 저로 인해 다른 이가 피해를 보게 되는 상황은 저의 목적이 아니니까요. 제가 싫어하는 것을 타인에게 미루고 어떤 이를 희생시키는 것은 제가 추구하는 삶이 아니었어요. 저 또한 원치 않게 업무를 더 받았을 때 몸과 마음이 힘들었으니까요. 제가 이 업무를 안 한다고 하면 결국 누군가는 이 일을 하게 될 것입니다. 여기까지 생각이 미치자, 저는 그냥 이 업무를 받아들이고 제 마음을 다스리기로 결정합니다.

물론 전임자보다 더 많이 일하면서 학업을 병행하기는 어려웠습니다. 불합리한 상황에서 부정적인 생각도 자주 올라왔어요. 하지만 저는 스트레스가 건강에 악영향을 미치는 것을 알고 있었습니다. 스트레스로 기절해서 심장이 멈추면 제 삶은 끝입니다. 저는 생존을 위해서라도 스트레스를 최소화해야 했지요.

부정적인 생각이 마음을 덮치려고 할 때마다 생각을 통제하기 위해 의식적으로 노력했습니다. 부정적인 생각에 사로잡히면 더 큰 고통을 겪게 될 뿐이라는 사실을 이해했어요. 저는 행복과 만족의 상태를 느끼기 위해 노력하면서 감정을 조절하기로 선택합니다. '어쩔 수 없지. 내가 전임자보다 능력이 뛰어난 탓이지 뭐.'라고 생각하기로 했지요. 그런데 놀랍게도 효과가 있었습니다. 어떤 상황이든 관점에 따라 감정이 바뀌는 현상을 직접 체감한 것입니다.

선배 직원들이 "힘들지? 고생하네."라고 저를 동정하면, 힘들다는 말이 목까지 차올라도 일부러 밀어 넣었어요. 대신 감사의 마음으로 화답하며 기쁨을 표현했습니다. "회사에 다니면서도 제가 하고 싶은 것을 할 수 있어서 너무 좋아요!" 절대로 부정적인 감정을 입 밖으로 꺼내지 않았습니다. 이 말을 꺼내는 순간 제 마음이 순식간에 어둠으로 번질 것임을 무의식적으로 알고 있었기 때문입니다.

눈에 보이는 성과를 얻고 싶은 너에게

저는 '내 삶의 1순위는 나 자신'을 결단했습니다. 그런데 앞선 글들을 보면, 자기중심적이라기보다는 이타적인 면모가 있음을 발견했을 것입니다. 저는 인생의 결단을 통해 다른 사람보다 저 자신을 우선순위로 두기로 했지만, 그게 저 혼자 잘 먹고 잘 사는 것에만 집중하겠다는 의미는 아니었어요. 제가 인생의 결단을 했던 시점에 지금 당장 죽으면 가장 후회되는 것은 '나를 타인보다 우선하지 못했던 것'뿐이지, '타인을 배려했기 때문'이 아니었습니다.

제가 제 삶을 중요하게 여기는 만큼, 다른 이들도 그들만의 삶이 중요합니다. 제가 만약, 다른 사람들을 배려하지 않고 제 입장만 고집했다면 그들은 어쩔 수 없이 저에게 적응할 수밖에 없었을 것입니다. 하지만 그건 결국 제가 받아온 상처를 남에게 보복하는 악순환을 낳게 되겠죠. 저는 다른 사람에게 피해를 주면서 제 열망만을 추구하고 싶지 않았어요. 그래서 저는 자신을 우선으로 생각하면서도 다른 사람 입장에서 한 번 더 생각하기로 했습니다.

저 자신을 우선으로 생각하자 여유가 생겼습니다. 피해의식이 사라지고 마음이 차분해졌어요. 다른 사람의 입장을 고려하면서 상황을 관찰하는 새로운 시각을 갖게 되었습니다. 관점을 달리하니 시련을 대하는 태도가 달라졌으며 무엇을 우선해야 하는지 깨달으면서 판단력과 사고력이 높아졌습니다. 그렇게 제 의견을 당당하게 주장할 수 있게 되었습니다. 거기에 매 학기 성적장학금과 '영업왕'이라는 눈에 보이는 성과는 저의 내면이 성장하면서 파생된 선물이었지요.

저는 2018년 3월부터 주경야독하며 회사에서 '2019년 영업왕', 대학교에서는 매 학기 성적장학금을 받았습니다. 2022년 2월에는 '성적 우등상'을 받으며 대학교를 졸업했지요. 전임자보다 업무량이 많아졌지만, 학교에 다닐 기회가 주어져서 감사했습니다. 쉬지 않고 일하다가 고객에게 억울한 말을 들었지만, 학교 공부를 하면서 성취감을 느낄 수 있어서 감사했어요. 바쁘게 일하고 학교 가느라 고생한다는 위로를 받아도, 제가 선택한 학교에서 새로운 지식을 배울 수 있어서 감사했습니다.

저는 업무와 학업 사이에서 몸과 마음이 방전될 수 있었습니다. 하지만 저는 저에게 유리한 감정을 선택했어요. 긍정적인 감정을 우선시하고 제가 통제할 수 있는 생각에 집중했습니다. 감사한 마음을 가지고 부정적인 생각은 절대 표출하지 않았어요. 제가 일과 공부를 병행하던 상황에서도 회사에서 큰 상을 받을 수 있었던 이유는, 어떤 상황에서도 생각과 감정을 긍정적으로 다스렸던 덕분입니다. 그랬기 때문에 저는 학교와 회사에서 동시에 가시적인 성과를 낼 수 있었습니다.

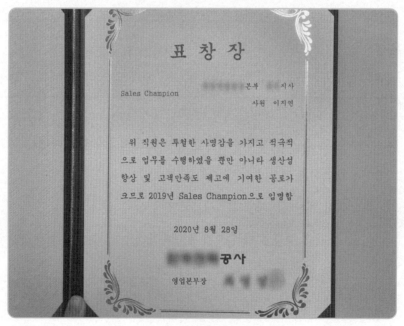

2019년 영업왕

4

우물 안 개구리 :
공부는 더 나은 생각을
선택하기 위한 수단이었다

직장인 6년 1개월 차. 재테크에 눈을 뜨다

저는 대학교에서 '경제학', '경제경영수학'을 배우다가 돈에 관심이 커졌습니다. 학교에서 배운 내용을 일상생활에서 적용해 보고 싶었지요. 평생 동안 얼마나 모을 수 있을지 계산해봤습니다. 2055년에 정년퇴직, 매월 생활비가 일정하다고 가정하면 35년간 약 8억 4천만 원입니다. 꾸준한 급여 인상률을 감안하면 대략 10억 원이 되지요. 2020년도 서울 아파트 가격이 평균 10억 원 수준이니 평생 벌어도 서울에 집을 마련할 수 없겠다는 생각이 들었습니다.

노동 소득을 계산해본 후, 저는 서울에 집을 살 수 없다는 믿음이 분명해졌어요. 그리고 평생 10억 원으로 현명하게 살아가기 위한 현실적인 방법을 찾기로 합니다. 결혼 후 세 자녀를 가질 것이기에 양육비도 고려해야 했습니다. 알뜰살뜰 아끼는 건 기본이고 지출 줄이기 전략으로 정부의 신혼부부 행복전세대출을 알아봤지요. 높은 이율의 적금도 비교 검색했습니다.

그러던 중 어느 재테크 커뮤니티를 발견합니다. 여러 글 중에서 적금 관련 칼럼을 유심히 읽었어요. 칼럼의 주요 메시지는 '적금 말고 투자하자.'였습니다. 이 칼럼에서는 '72 법칙'을 이용해 투자를 시작해야 하는 이유를 선명하게 전했습니다. 저는 연 1%의 은행 적금 이율로는 원금이 두 배가 되는 데 72년이 걸린다는 사실을 알았어요. 그리고 세상에는 은행 저축 말고도 수많은 투자처가 있다는 것을 알게 되었지요. 주식, 펀드, 채권 등. 투자를 해서 은행 적금 이율보다 수익률이 높아지면 원금이 두 배가 되는 시간이 단축됩니다. 이 사실을 깨달은 저는, 적금 이자율을 비교할 게 아니라 투자에 관심을 가지는 게 더 효율적이겠다는 생각이 들었습니다.

이 커뮤니티의 대부분 콘텐츠는 '주식'을 중심으로 돌아가고 있었어요. 많은 회원이 수익금과 수익률을 공유했으며 일부는 하루에 100만 원 이상을 벌기도 했습니다. 하루에 월급만큼의 돈을 버는 사람을 처음 만났을 때 반응은 두 부류로 나뉠 것입니다. '조작 아니야?', '와! 대박인데? 이런 것도 가능하구나.' 저의 첫 반응은 후자였어요. 주식을 사기라고 치부하는 대신 가능성을 믿었지요.

이 관점은 대학 강의에서 비롯되었습니다. 대학교 수업 중 교수님은 가끔 주식에 관해 이야기했어요. "주식은 시간을 들여 공부하고 투자하면 얼마든지 수익을 낼 수 있습니다." 저는 교수님의 말씀을 신뢰했습니다. 자신이 가르치는 내용을 학교 내에서 실제로 적용하는 사람이었기 때문입니다. 제가 하루에 100만 원을 벌 수 있다는 믿음을 지니게 된 이유였지요.

투자 공부

커뮤니티에서도 '공부하면 수익 난다'는 말을 반복해서 주장했습니다. 저는 일과 학업을 병행하고 있었지만 존경하는 교수님과 똑같은 주장을 하는 이 커뮤니티에서 공부하고 싶어졌습니다. 저는 투자 공부를 통해 경제적 목표를 이룰 수 있다고 굳게 믿었고, 재테크 공부를 미루면 지금 이 불타는 마음이 언제 다시 찾아올지 모르겠다는 생각이 강하게 들었습니다. 그래서 저는 대학교 3학년 1학기가 시작되기 전, 연 550만 원이라는 거금을 들여 커뮤니티 모임에 가입하고 투자 공부를 시작합니다.

공부해야 하는 이유가 궁금한 너에게

중학교 2학년, 가난과 따돌림을 겪은 후에 공부를 시작해서 나의 정의가 이기기 위한 힘을 키웠습니다. 성적은 점차 좋아졌어요. 그런데 공부를 하면서도 학습 목적이 단절되었다는 느낌을 떨칠 수가 없었지요. 저는 삶과 배움의 목적에 어떤 연관성이 있는지 끊임없이 고민했습니다.

이후, 대학교 수업은 저의 식견을 넓혀주는 기회가 되었습니다. 그리고 투자 공부는 이해를 넘어 실생활에 적용하는 지식을 배울 수 있도록 했지요. 저는 대학교 수업과 투자 공부를 통해 배움의 가치를 알았고, 제가 지속적으로 공부해야 하는 이유를 찾았습니다.

제가 일생에 벌 수 있는 돈이 노동 소득뿐이라고 생각했습니다. 그래서 정해진 소득 내에서 살아갈 수 있는 전략을 생각했지요. 사실 자본 소득의 개념을 몰랐기에 노동 소득만으로 미래를 계획한 겁니다. 이 평범한 계획은 저의 무지에서 나온 것이었어요. 잘 몰랐으니까 노동만으로 돈을 벌고 그 안에서 알뜰하게 살아야겠다는 전략을 세운거지요. 다른 계획을 떠올릴 생각조차 못했습니다. 모르니까요.

대학교 '경제학원론' 강의에서 매일 화폐 가치가 떨어진다는 인플레이션 개념을 배웠습니다. 그런데 은행 적금 1%대의 미미한 금리만을 비교하고 있었던 것입니다. 저는 평생 은행에 저축만 하는 행동이 잠재적으로 손해가 될 수 있다는 사실을 몰랐습니다. 대학교에서 배운 개념을 머리로는 이해했지만 삶에 제대로 적용하지는 못하고 있었지요. 공부를 위한 공부만 했던 겁니다.

저는 주식 거래가 투자 전문가만을 위한 것이라고 믿었습니다. 그런데 최근에는 모바일 어플로 쉽게 주식을 매매할 수 있지요. 투자 공부를 하면서 실제로 거래해보니 주식 매매는 생각보다 쉬웠습니다. 어려운 게 딱 하나 있다면, 주가에 흔들리는 제 마음이었지요. 저는 이후 2년 동안 투자 공부에 집중했고 현재까지도 주식 투자의 여정을 이어가고 있습니다.

그리고 전문가뿐만 아니라 누구나 투자를 시작해야 한다고 믿게 되었습니다. 표면적으로 투자의 목적은 재정적인 안정과 자산 증식이라고 말할 수 있을 텐데요. 저는 조금 다른 이야기를 하고자 합니다. 투자의 이면적인 목적이지요.

사람이라면 빈곤하게 살기는 싫을 겁니다. 한 번 사는 인생, 이왕이면 즐기면서 살고 싶겠지요. 우리는 어른이 되면 "물가는 오르는데 급여는 그대로다."라는 말을 체감하게 됩니다. 그래서 어떤 이들은 알뜰살뜰 아끼기 시작합니다. 이들은 벌이가 없어지면, 돈에 허덕이는 가난한 인생을 살게 될 것입니다. 왜냐하면 자본주의 시대에서 투자를 공부하지 않으니까요. 이들은 자본 소득을 모르니까 노동 소득 내에서 지출을 줄이는 계획만이 전부라고 생각하게 되는 것입니다.

저는 '72 법칙'을 접하고, 투자가 제 삶에 얼마나 많은 영향을 끼칠지 상상할 수 있었습니다. 투자 공부를 시작하면서 자본 소득을 알게 되었어요. 투자를 제대로 공부해서 자본 소득이 더해진다면 평생 10억 원의 노동 소득뿐만 아니라 그 이상도 벌 수 있게 될 것입니다. 그러면 저는 풍족하고 행복한 가정을 꾸릴 수 있겠지요. 뿐만 아니라 집도 짓고, 마을을 만들어낼 만큼 큰 부를 쌓을지도 모릅니다. 저는 자본주의를 활용하여 행복하게 살아가는 모습을 꿈꿀 수 있었습니다. 당찬 목표도 정할 수 있게 되었지요. 오늘보다 더 나은 내일을 제 손으로 만들어낸다는 생각이 저를 움직이게 만들었습니다.

공부는 생각을 확장시키기 위한 즐거운 활동이었습니다. 우물 속 개구리는 우물밖에 모르니까 나갈 생각을 하지 않는 것이었지요. 우물 안 틈을 통해 바깥세상을 내다보게 된 개구리는 몰랐던 현상들을 바라볼 기회를 얻었습니다. 그리고 어린 시절부터 들어왔던 말들이 어쩌면 전부가 아닐지도 모른다고 생각하지요. 무지에서 시작된 막연한 믿음이 잘못된 확신으로 번질 수도 있다는 생각입니다. 개구리는 배운 걸 적용해서 그게 결과로 나타나는 과정을 관찰합니다. 그 과정은 예상보다 즐거웠고 이제 개구리는 점차 세상의 새로운 관점들을 수용할 용기를 얻게 됩니다. 그리고 관습적인 생각을 넘어서서 사고할 수 있게 되지요. 공부를 통해 생각의 범위가 확장된 것입니다.

저에게 공부는 더 나은 생각을 선택하기 위한 수단이었습니다. 무지로 인한 불행을 줄여주는 도구이자, 생각을 확장시켜 더욱 풍요로운 삶을 살아가기 위한 방법이었지요. 저에게 대학교는 학교의 한계를 넘어 개인적, 재정적 성장을 추구하는데 필수적인 출발점이 되었습니다. 공부만을 위한 공부가 아니라, 배운 것을 삶에 적용하는 즐거움을 깨달은 겁니다. 새로운 현상을 내다볼 기회를 주고 생각을 확장시켜준 대학교와 투자 공부는, 제가 공부해야 하는 목적을 찾아준 소중한 선물입니다.

5

1년의 휴직 2번의 스카웃 제의 : 이제 원하는 일을 선택하기로 했다

직장인 6년 4개월 차. 당장 회사를 그만두고 싶다

일과 학업, 그리고 투자 공부를 병행하던 중 문득 '회사에만 집중하는 시간이 너무 아깝다.'라는 생각이 들었습니다. 제가 뭐든지 다 해낼 수 있는 사람이라는 자신감에서 비롯된 생각이지요. 왠지 이대로만 공부하면 주식으로 큰돈을 벌 수 있을 것 같았습니다.

투자 모임에서는 가끔 오전 8시 40분부터 주식 단타 이벤트가 진행되었어요. 저는 오전 8시부터 근무를 하기에 항상 지켜보기만 했습니다. 하고 싶지만 못하는 상황이 반복되자 회사에 발목이 붙잡혀 있다는 느낌을 받았습니다. 마치 직장이라는 방해물에 막혀 날개를 펼 수 없다는 생각이 들었어요. 당장 회사를 그만두고 싶다는 강한 충동을 느꼈습니다. 저는 '퇴사'가 일시적인 자만일 뿐인지, 마음속에서 우러나오는 강력한 열망인지 판단하기 어려웠어요. 그래서 퇴사에 대한 저의 고민은 며칠간 이어졌습니다.

어느 날, 퇴사 생각에 잠이 안 오던 밤입니다. 문득 회사 휴직제도가 떠올랐어요. 유레카! 제가 퇴사를 통해 얻고 싶었던 것은 원하는 일을 마음껏 할 수 있는 '자유시간'이었습니다. 아직 퇴사 이후 삶을 책임질 각오는 없었지만, 시간을 자유롭게 보내고 싶었던 것이죠. 그래서 빠르게 판단하지 못하고 고민한 것입니다. 저는 이날, 망설임 없이 휴직을 결심했습니다. 벌써 새벽 1시에 다음 날 출근이지만 저는 들뜬 마음으로 휴직 계획을 세우기 시작합니다.

최적의 휴직 시기를 고민했어요. 2020년 12월이 가장 적합하다고 결론 지었습니다. 저와 타인의 관점을 모두 고려할 때 이 시기가 가장 적절했지요. 이 결정은 나 자신을 우선으로 두면서도 타인의 입장도 고려해야 한다는 가치관과도 연결되었습니다. 휴직 예정일을 정하고 나니 이제 8개월이 남은 상황입니다. 저는 휴직 기간에 사용할 생활비를 틈날 때마다 계산하고 그 기간 동안 뭘 할지 구상하기 시작합니다.

휴직 3개월 전, 회사에 휴직 의사를 알릴 기회가 생겼습니다. 저는 제 결정을 차장에게 말했어요. 바로 다음 날, 신입사원 1명이 추가 배치되어 제 후임자가 되었습니다. 덕분에 다른 직원들도 제 휴직 결정을 자연스럽게 받아들일 수 있었어요. 이후 인원 문제에 휩싸여 휴직 기간이 바뀔 뻔했지만 저는 기존의 일정을 고수했습니다. 감사하게도 문제는 원만하게 해결되었고 저는 휴직 예정일에 맞춰 휴직을 시작합니다.

직장인 7년 차. 자유로운 휴직생활

어린 시절 저는 건축 디자이너가 되어 집을 짓는 것이 꿈이었습니다. 20대 초반에는 친구들과 태국 여행을 다녀오면서 '능눅빌리지'처럼 제 이름을 딴 마을을 만들고 싶다는 열망이 생겼어요. 투자를 공부하면서 가상현실 세계인 '메타버스'라는 개념을 접하게 되었습니다. 메타버스를 알게 된 순간, 제 꿈을 메타버스 세계에서 더 빨리 실현할 수 있을 것이라는 영감을 받았지요. 그러나 제 꿈을 실현하기 위해서는 자본이 필요했어요. 그래서 경제적 자유를 이룬 후 메타버스에 집과 마을을 짓기로 계획했습니다.

2021년 7월, 문득 이런 질문이 떠올랐습니다. '메타버스에 마을과 집을 건설할 기술을 왜 지금 배우면 안 되는 거야?' 이 질문에 반박할 이유가 떠오르지 않았어요. 오히려 자유로운 시간을 보내는 이 시기에 배우는 게 더 합당하다는 생각이 들었죠. 저는 그 즉시, 가상세계에 건축할 기술을 배우기 위해 학원을 찾기 시작합니다. 그리고 3D그래픽 교육 과정을 찾았습니다.

서울에 위치한 학원에 등록합니다. 학원에서는 COVID-19 덕분에 대면 수업과 비대면 수업을 모두 진행했어요. 저는 이 상황을 적극 활용했지요. 대학교 수업과 학원 강의가 서로 지장이 가지 않도록 비대면 수업을 활용하여 공부했습니다. 저는 학원에서 3D 그래픽 배우는 것을 즐겼고 깊은 성취감을 느꼈습니다. 학습하는 모든 내용을 세세하게 기록했어요. 필기 내용은 지금 다시 봐도 그대로 따라 할 수 있을 정도입니다. 이 내용은 학원 수업 마지막 날에 다른 수강생들에게 선물로 나누어 주었습니다. 그때 저를 가르쳤던 강사가, 지인의 인테리어 회사로 스카웃 제의를 합니다.

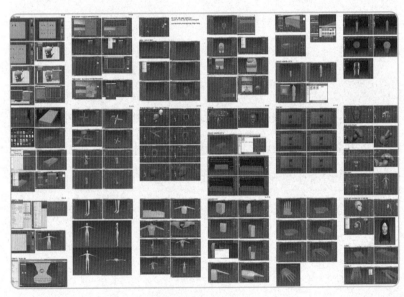

3D 그래픽 공부 내용 정리

대학교 교양과목에서 사진 촬영 과제가 있었습니다. 교수님은 과제 제출물 중 상위 3명에게 기프티콘을 선물할 것이라고 말했고 이 이벤트는 제 의욕을 불러일으켰지요. 독특한 과제를 제출하고 싶었던 저는 '언리얼 엔진'으로 만들어 낸 가상 환경에서 사진을 찍어 제출했습니다. 그것을 본 교수님은 기프티콘을 주었을 뿐만 아니라, 학생연구원으로 같이 일해 볼 생각 없냐며 스카웃 제의를 했어요.

사진 촬영 과제 제출

원하는 일을 하면서 살아갈 너에게

과거에 저는 현 직장이 아니면 저를 받아줄 곳이 없을 거라 생각했습니다. 이는 K 부장의 빈번한 트집으로부터 시작됐을지도 몰라요. 어쩌면 15살 많은 후배 직원 K와의 능력을 비교하면서 시작됐을 수도 있고요. 아니면 '고졸 어린 여직원' 색안경을 낀 회사 직원들의 의견이 저에게 전달됐을지도 모르지요. 또 제가 가장 사랑하는 엄마의 '공기업이 가장 좋아.'라는 편견으로 시작된 생각일지도 모릅니다.

저에게 스카웃 제안은 현 회사를 떠나도 어디서든 원하는 일을 선택할 수 있다는 '자신감'을 의미합니다. 예전 같으면 스카웃 제의에 교만하고 건방진 생각을 가졌을지도 몰라요. 왜냐하면 저는 학창 시절의 큰 성취로 자신감뿐만 아니라 자만심도 함께 커진 경험이 있기 때문입니다.

사회생활 초반에 저는 '내가 잘났다.'라는 우월감에 빠져 다른 이들에게 제 생각이 옳다는 걸 증명하려 했어요. 험담하는 사람들이 '무조건' 나쁘다고 생각했고, 팀 내 직원들끼리 힘들 땐 알아주고 도와주는 게 '당연하다'고 생각했지요. 거만한 확신이 제 감정과 행동에 얼마나 부정적인 영향을 미치는지 뼈저리게 체감하는 시간이었습니다. '내가 잘났다.'라는 생각은 저 자신을 남과 비교하게 만들었어요. 즉, 저는 언제든 못난 사람이 될 수도 있는 것이지요.

'내가 못났다.'라는 열등감에 빠진 상황 또한 저에게 부정적인 영향을 끼쳤습니다. 자기주장 강한 후배 직원 K와 제 능력을 비교하니 그가 저보다 월등해보였습니다. 그래서 그의 기준에 저를 맞추게 되었지요. 어쩔 수 없이 누군가의 생각을 따라가니 재미도 없고 삶의 의욕도 꺾였습니다.

저는 행복해지기 위해 생각을 바꿨습니다. 다른 사람에게 피해를 끼치지 않으면서도 제가 원하는 모든 일을 하고자 했어요. 제가 열정을 가진 분야를 새롭게 배우길 즐겼고 제가 잘하는 걸 사람들에게 베풀었습니다. 그러자 사람들은 자연스럽게 저를 좋아하기 시작했지요.

일자리를 얻기 위해 애쓰지 않았어요. 그저 좋아하는 공부에 열정을 쏟다 보니 뜻하지 않게 두 번의 스카웃 제의를 받았습니다. 딱히 바라는 것도 없었어요. 배우는 게 재미있으니까 공부에 시간을 쏟은 거지요. 제가 배운 걸 누군가에게 알려주면 뿌듯해지니까 그동안 필기한 내용을 나눠줬을 뿐이었습니다.

휴직 기간 중 두 번의 스카웃 제안은 세상이 저에게 보내는 메시지라고 생각합니다. "그래, 드디어 교만과 자만이 줄어들고 베풀 줄 아는 마음이 생겼군. 이제 네가 원하는 일을 모두 해도 좋아!"라는 메시지요. 저는 이 메시지를 가슴 깊이 새기고, 오늘도 제 꿈을 향해 즐거운 마음으로 사람들에게 베풀고 있습니다. 제가 그동안 경험하고 체득한 깨달음을 많은 이들에게 전하는 중이지요.

6

감사일기 :
감사는 긍정의 에너지원이자
목표를 향한 원동력이었다

인생의 결단 후 일과 학업을 병행했을 때도, 지금 이 순간에도 항상 잊지 않는 감정이 있습니다. 제가 긍정적인 마음가짐을 유지할 수 있도록 도와주었던 마법 같은 감정 '감사하기'입니다.

2017년, '감사일기'는 제가 입원 검사 직후 암울했던 생각을 극복하고자 시작한 방법입니다. 이 방법은 이미 수많은 자기 계발서에서 반복적으로 주장되었지요. 당시 세상에 존재하는 모든 게 싫었던 저는 '행복까지는 아니어도 지금보단 나아지겠지.'라는 생각으로 감사일기를 쓰기 시작했어요.

감사일기용 작은 노트를 만들었습니다. 처음에는 어떤 내용을 적어야 할지 막막했어요. 그런데 어느 책에서 봤던 "사소한 것에 감사하라."라는 문장이 떠올랐습니다. 따라 해보기로 합니다. 그날 작고 아름다운 꽃을 발견했고 "아름다운 꽃을 볼 수 있어서 감사합니다."라고 감사일기에 적었습니다. 그 꽃을 떠올리면서 '감사'라는 단어를 쓰자 옅은 미소가 지어졌지요.

저는 그때 그 감정의 변화가 아직도 생생합니다. 단순히 '감사'한 일을 떠올리며 종이에 옮겨 적은 것뿐인데 쓰기 전보다 기분이 나아진 것입니다. 입원 검사를 마치고 본래의 일상으로 돌아가서도 감사일기를 계속 썼습니다. 저는 이 시기에 '감사'의 놀라운 힘을 체감하게 되었고, 이후로도 '감사'라는 감정을 습관처럼 활용합니다. 감사의 힘은 정말 강력했어요!

일과 학업을 병행하면서 감사일기의 위력을 몸소 느끼다

2018년부터 4년 동안 일과 학업, 개인 공부를 병행하면서도 감사함을 잊지 않았습니다.

2018년부터 2019년까지, 오전 8시에 출근해서 바쁘게 일한 후 오후 5시에 퇴근했어요. 즉시 학교에 등교하고 저녁식사 후 6시부터 수업을 들었습니다. 강의가 일찍 끝나는 날에는 9시부터 10시까지 필라테스 운동 후에 귀가합니다. 이런 생활을 하면서 저는 다음과 같이 생각했지요. "회사에 다니면서도, 공부라는 성취를 이룰 수 있음에 감사합니다."

2020년, 위 생활에 투자 공부를 추가하기로 결심합니다. 그런데 갑자기 코로나가 급속도로 퍼졌어요. 코로나 확산으로 인해 학교는 비대면 수업으로 전환되었습니다. 덕분에 대학공부와 투자공부에 둘 다 집중할 시간을 얻었고 공부하기에 효율적이고 편리해진 이 상황에 정말로 감사했습니다.

2021년, 휴직 시기에는 색다른 일을 경험했습니다. 근무 시간으로 제약되었던 시간은 인생을 공부하는 시간으로 바뀌었지요. 그동안 시도하지 않았던 투자방법, 사업공부를 도전했고 채권·채무 관계에 얽히면서 문제를 법으로 해결하는 방법도 맛보았습니다. 우물 안 개구리가 세상에 한 발 내딛는 시기였지요. 그래서 저는 휴직 기간 1년의 자유시간이 정말로 감사했어요.

2022년, 학교를 졸업할 시기가 다가올 때 이런 생각이 들었습니다. '졸업하고 다시 회사에만 100% 집중해야 하는 걸까? 나는 4년간 회사랑 학교를 병행하면서 많은 걸 성취해왔어. 나는 앞으로도 더 많은 것들을 성취해낼 능력이 있는 사람이야!' 4년 동안 수많은 성과를 내고 나니, 저는 4년 전의 저와는 비교할 수 없을 정도로 성장해 있었습니다.

대학교에 다닌 4년 동안, 한 번도 감사함을 잊은 적이 없었습니다. 가끔은 너무 피곤하고 지쳐서 부정적인 생각이 올라올 때가 있었습니다. 그런 순간에도 학교에 다니게 된 것을 감사하다고 생각했어요. 하고 싶은 것을 모두 해낼 수 있는 저의 정신력에 감사하고, 그러면서도 잘해내고 있는 저 자신에게 감사했지요. 그 결과, 저는 회사와 학교 두 곳에서 높은 성과를 낼 수 있었습니다. 그리고 생각과 감정을 다스리고 행동을 지속하면 불가능해 보이는 일도 가능하게 만든다는 사실을 믿게 되었지요.

목표로 향하는 길에 함께하는 사람들에게 감사하다

2021년 11월, 학원과 학교, 인스타그램 등을 활용해 '3D 그래픽 스터디'를 만들었습니다. 메타버스나 3D 그래픽에 관심이 있는 사람들을 모았으며, 이 스터디는 제가 메타버스 사업을 준비하는 과정이기도 하지요. 현재는 매달 느낀 점과 목표를 공유하는 정도로 운영 중입니다. 함께하는 공부를 멈추지 않는 스터디원들에게 참 감사해요.

2022년 3월, 켈리 최 회장을 알게 되자마자 "이 사람이 바로 내가 찾던 롤 모델이다."라고 확신했습니다. 그녀를 따라 명확한 목표를 세웠어요. 부산에서 비전 보드를 만든다고 해서 왕복 7시간 거리를 당일치기로 다녀왔습니다. 매일 아침 동기부여 모닝콜, 생각파워 모닝콜, 목표 100번을 쓰기 시작했어요. 저는 매일 목표를 다짐하며, 계획을 세우고 행동하면서 목표에 가까워지고 있다고 확신합니다. 선한 부의 영향력을 나눠주는 켈리 최 회장이 제 눈앞에 나타난 것에 감사합니다.

2022년 5월, 『생각하라 그리고 부자가 되어라』 책을 읽으면서 조력 집단을 찾기로 결심합니다. 팀원을 모집해서 팀을 만들고 회사생활과 병행하면서 메타버스 경진대회에 참가했습니다. 첫 번째 경진대회는 예선에서 탈락하지만 우리 팀은 굴하지 않고 다른 공모전에 다시 도전합니다. 그리고 우리는 2022년 11월에 이 공모전에서 장려상을 받았습니다. 성공철학을 책으로 엮은 나폴레온 힐 저자에게 진심으로 감사하며, 가진 게 없는 저를 믿고 함께 팀을 이뤄 준 우리 팀원들에게도 깊은 감사를 전합니다.

　2023년 1월, '굿모닝 동기부여' 재능 나눔을 시작했습니다. 매일 아침 책 필사와 함께 저의 태도, 신념, 응원 등의 메시지로 글을 써서 공유했지요. 매일 글을 쓰자 어지럽혀진 생각이 정리되면서 전달 능력이 좋아지고 있습니다. 매일 누군가를 위한 생각에 집중하자 제가 더 많이 성장한 것입니다. 지금도 함께 성장하는 '굿모닝 동기부여' 구성원들 덕분입니다. 매일 감사합니다.

　감사는 저에게 부정적인 마음을 해소해 주는 가장 완벽한 방법입니다. 언젠가 어려운 시기가 찾아왔을 때, 사람들에게 말이나 글로 감사를 표현하면 어느새 웃음이 피어올랐습니다. 제가 현재 가진 것들에 감사한다는 내용을 일기로 쓰면 기분이 좋아지곤 했고요. 제가 가진 정보와 재능을 나누고 나서 사람들의 감동받은 표정을 보면 그처럼 보람 있는 일은 없었습니다.

좋은 걸 알지만 시작하지 못하는 너에게

　감사는 제가 언제든 죽을 수도 있다는 진단을 받고도 다시 일어날 수 있게 해준 마법 같은 감정입니다. 그래서 가까운 동료 직원이 스트레스로 힘들어할 때도 '감사일기'를 권해주었습니다. 그런데 그녀는 이렇게 답하더군요.

"감사일기 좋죠. 그런데 좋은 걸 알아도 그게 어디 쉽나요? 할 수 있었으면 진작 했겠죠."

혹시 지금 이 내용을 보면서 그녀와 비슷한 생각을 하는 분들은 다음 문장을 꼭 읽기 바랍니다. 그리고 이 문장이 나의 감사한 친구인 당신의 인생에 도움이 되기를 진심으로 소망합니다.

"정말 행복해지고 싶나요? 그럼 핑계 댈 시간도 없을 거예요. 지푸라기를 잡는 심정으로 뭐든 시도하고 싶어지거든요. 만약, 좋은 걸 알지만 실천하기는 '어렵다'라는 마음이 든다면, 아직 덜 아픈 겁니다. 지금 그 상황이 힘들지만 익숙하니까 변하기 싫은 거지요. 지금 상황이 바뀌기를 바란다면 나 자신이 변해야 해요. 그 외에 내가 통제할 수 있는 것은 없습니다."

저는 회사와 학교를 병행하던 상황에서도, 명확한 목표를 향해 행동할 때에도 항상 감사했습니다. 지금 이 순간에도 항상 감사하고 있고, 앞으로도 감사할 것입니다. '감사'는 제 감정을 긍정적으로 이끌어주는 에너지원이자 매일 더 큰 목표를 향해 움직일 수 있는 원동력이니까요. 당신이 당당하게 살아갈 힘은, 바로 자기 자신에게 있다는 사실을 알아차리기 바랍니다. 감사합니다. 사랑합니다.

제5장

반짝이는 빛을
품고 있는 너에게

1

인정받는다는 것

저는 어린 시절에 어른들에게 칭찬을 바라는 아이였습니다. 학창 시절에는 친구들과 잘 어울리는 아이가 부러웠지요. 회사에 다니면서 상사와 동료들에게 일을 잘한다는 평가와 함께 대우받기를 원했습니다. 즉, 저는 사람들에게 인정받기를 갈구하는 사람이었지요.

저는 초, 중학교 시절 따돌림을 당했던 경험으로 누군가에게 미움받는 상황이 무서웠습니다. 당시 학우들에게서 느꼈던 적대감과, 같은 공간에 있으면서도 동떨어진 느낌의 고립감은 아직도 제 마음속에 생생히 남아 있습니다. 그때는 누군가 저를 '왕따'라고 비웃을까 봐 겁나서 따돌림 당하는 걸 숨겼어요. 괜찮은 척했지요. 더 많은 사람들에게 '불쌍한 아이'로 낙인찍히고 싶지 않았으니까요.

중학교 2학년에 공부를 시작하고 고등학생 때 성과를 내면서 자신감이 생겼습니다. 뭐든 다 해낼 수 있을 것 같은 기분에 우월감까지 느꼈지요. 이 때문에 과거의 결핍을 모두 잊었다고 생각했어요. 그런데 마음속 깊은 곳에는 타인에게 버림받고 싶지 않은 어린 날의 제가 남아 있었습니다. 그리고 이후에 깨달았습니다. 모든 사람의 내면에는 타인에게 미움받고 싶지 않은 욕구가 있다는 것을요.

선입견을 이겨내고 싶었던 이유

저는 입사 초기부터 '어린 고졸 여직원'이라는 선입견이 싫었습니다. 얼마 전까지는 그 이유가 '고등학교 시절의 빛났던 영광을 되찾고 싶어서'라고 생각했지요. 그래서 몸과 정신이 고통받아도 인정받으면 해결된다고 생각하며 애써왔습니다. 그리고 책을 쓰면서 알아차렸습니다. 제가 선입견을 싫어하면서도 항상 이겨내고 싶어 하는 이유는 상대가 저를 '있는 그대로 봐주지 않았기 때문'이었다는 것을요.

저는 보편적인 직원들과 다르게 고졸로 입사했습니다. 대졸 신입 직원들과는 사회생활 경험에서 4년, 나이로는 기본 6살 이상 차이가 났습니다. 제가 느끼기에 사람들은 일반화의 오류로 생성된 '고졸' 선입관이 있었어요. 어떤 대졸 여직원은 언젠가 저에게 이런 말을 했습니다. "제가 입사동기인 고졸 직원들이랑 대화를 나눈 적이 있었는데, 무례한 언행을 하더라고요." 그 이후로 고졸 직원들에게 선입견을 가지게 되었다고 말했습니다. 물론, 저에게도 초반에 편견이 있었다고 했지요.

과거 특정 상대에서 느꼈던 거북한 감정을 담은 일화가 모이고 비슷한 결론으로 흐르면서 '고졸은 개념 없다.'라고 일반화되었습니다. 즉, 과거 특정 상대와 저는 완전히 다른 사람이었지만, '고졸'이라는 같은 특징을 지녔기에 그를 저에게 대입해서 판단했던 것입니다.

선배 직원들과의 나이 차이는 평균 20년이었습니다. 그들의 자녀는 제 또래였고 심지어는 저보다 10살이 많기도 했지요. 선배 직원들은 저를 그들의 자녀에 대입해서 생각하는 듯 보였습니다. 왜냐하면 저와 자녀를 비교하며 대화하는 일이 잦았기 때문입니다.

제 주위 부모들은 자녀를 통제하려는 경향이 있습니다. 대부분은 자녀를 보호하려는 의도지만 때로는 부모의 우월감에서 시작된 잔소리일 때도 있지요. 부모가 자녀를 자신보다 부족한 사람이라 전제하고 말하는 겁니다. 그러면 자녀들은 부모의 잔소리에 반발합니다. 왜냐하면 부모가 자기를 있는 그대로 보지 않는 게 느껴지니까요. 자녀는 부모가 자신을 불신하고 아무것도 할 수 없는 열등한 존재로 바라보는 것을 무의식적으로 체감하는 것입니다.

이제는 많이 사라졌지만 남녀직원 간의 선입관도 존재했습니다. 기성 직원들은 남자와 여자의 역할을 나누면서 남직원의 수가 적어지는 걸 걱정했습니다. 저는 그들에게 강성 민원업무나 각종 허드렛일을 시키기엔 조심스러운 여직원이었지요. 이 또한 저를 있는 그대로 바라보지 않고

'대부분 여직원이 그럴 것이다.'라고 단정 지으며 고정관념의 시선으로 바라본 것입니다.

저는 '고졸 어린 여직원'이라는 선입견 때문에 무리에서 퇴출된 미운 오리 새끼가 되고 싶지 않았어요. 모든 이들과 잘 어울리고 싶었고 그들에게 사랑받고 싶었습니다. 그래서 회사를 최우선으로 두고 일했지요. 인정받고 싶다는 생각으로 행동한 결과, 제가 얻은 것은 결핍과 좌절입니다.

저는 그들과 똑같은 사람입니다. 생각도 하고 감정도 있지요. 저는 그들의 선입견처럼 '고졸'이라서 개념 없는 게 아니었습니다. 처음이라 몰라서 서툴렀던 것이었지요. '어려서' 잔소리를 싫어하고 희생을 알아주기를 원한 게 아니었어요. 누구에게나 존재하는 인정욕구가 제게도 있었던 것입니다. '여자'라서 강성 민원업무나 허드렛일을 못하는 게 아니었지요. 누구나 두렵고 힘들어서 하기 싫은 일이었을 뿐이었습니다.

누군가에게 중요한 사람이 되고 싶은 너에게

사람들에게 중요한 사람이 되고 싶었습니다. 그것을 이루기 위해서는 많은 사람들에게 인정받으면 된다고 생각했지요. 그래서 누구에게나 좋은 사람이 되기로 했어요. 저는 모든 이들에게 맞춰주기 시작했습니다. 거절하지 않으니 시간이 갈수록 업무량은 늘어났고 근무 인원이 없는 상황에서 부장은 저에게 일을 더 잘하라고 다그쳤습니다. 몸에서 적신호를 보냈지만 저는 직장인이라면 당연한 아픔이라 치부하며 그 신호를 무시했습니다. 오히려 '왜 그들을 만족시키지 못하는 거야?'라고 생각하며 저 자신을 채찍질했어요. 그러면서 저에게 회초리를 드는 부장에게도 사랑받고 싶어 했지요. 잘한다고 칭찬받고 싶었습니다. 그 결과, 저는 회사에서 '궂은 상황에도 씩씩하게 일하는 어린 여직원'이 되어 있었습니다.

'궂은 상황에도 씩씩하게 일하는 어린 여직원', 이 칭호도 많은 사람에게 인정받았다고 볼 수 있을 것입니다. 힘든 과정을 굴하지 않고 지나왔다는 뜻이니까요. 그런데 저는 불행했습니다. 저는 언제든 죽을 수 있다는 사실을 깨달은 이후, 인정욕구를 내려놓기로 했습니다. 그리고 180도 변했죠. 언제 죽어도 후회 없는 삶을 살고 싶었기 때문입니다. 죽음 앞에서는 모든 고민이 부질없다는 것을 알아차렸습니다.

시한부 판정을 받았다고 상상해보세요. 당장 내일 죽을지도 모르는 상황에서 무엇이 가장 중요할까요? 아마 '다른 사람들에게 인정받고 싶어.'라고 생각하지는 않을 것입니다. 인생에서 가장 즐거웠던 순간은 무엇이었나요? 좋아하는 것은 무엇인가요? 얼마 남지 않은 인생이라면 무엇을 가장 먼저 하고 싶나요?

저는 지금, 나의 귀중한 친구인 당신의 인생에서 가장 중요한 것을 아는지 묻고 있습니다.

생이 다할 때 '내가 왜 나 자신을 미뤄두고 살았을까?'라고 후회할 건가요? 그러면 너무 늦잖아요. 살아 있을 때 행복해야죠. 생을 마감하고 행복해지고 싶은 사람이 어디 있나요? 숨 쉬고 있는 지금 당장 행복해지길 원하잖아요. 불행하게 살고 싶은 사람이 어디 있겠습니까. 그러기 위해서는 먼저 '남들이 싫어하지 않을까?'라는 눈치 안 보고, 자신이 중요하게 느끼는 그것을 지금 당장 시작해야 합니다.

나 자신이 가장 우선순위여야 해요. 타인을 최우선으로 생각하지 마세요. 자신을 우선순위로 두지 않고 살아가면 남들이 주장하는 대로 따라가게 됩니다. 싫어도 좋은 척, 좋아도 싫은 척 말이죠. 그리고 후에 다른 이들은 당신이 맞춰주는 게 당연하다고 생각하게 될 것입니다.

꼭 기억하세요. 내 인생에서는 나 자신이 가장 우선순위가 되어야 한다는 것을요.

2

정신적 스위치를 가진다는 것

모든 사람에게 인정받고 싶어 애쓰던 2017년 어느 날, 선배 직원이 저에게 조언을 해주었어요. 그 조언은 바로 '대학교에 다녀라.' 그녀는 본인도 고등학교 졸업 후 바로 취업했고 20대에는 회사가 전부였다고 말했지요. 그런데 결혼하고 아이를 키우면서 집중해야 할 일이 늘어나니, 퇴근 후에는 회사 일을 자연스럽게 잊을 수 있었다고 설명했습니다. 즉, 그녀에게는 퇴근 후 다른 일상이 시작되기에 회사에만 감정을 쏟을 수 없는 환경이 형성되었던 것입니다.

제가 생각해봐도 저는 아침에 눈을 뜬 순간부터 밤에 눈을 감을 때까지 회사가 전부인 생활을 하고 있었어요. 총무 업무 담당자라면 회사 내 모든 문제를 알아야 한다고 생각했습니다. 그래서 회사에서 일어나는 크고 작은 문제를 모두 꿰뚫고 있었지요.

20대 초반에는 회사가 제 인생의 전부였습니다. 첫 근무지는 본가와 편도 4시간 거리에 있었기에 가족들과 보내는 시간이 사라지고 회사 동료들과 보내는 시간이 늘었습니다. 함께 어울려 놀던 동네 친구들과는 연락이 끊기고 입사 동기들과 연락을 주로 했지요. 게다가 두 번의 근무지 모두 연고 없는 지역이었습니다. 주변에 가까운 친척이나 친구가 없었지요.

회사 사택에서 살았습니다. 아침에 일어나서 방을 나오면 룸메이트 직원과 인사를 하고 아침 식사를 함께합니다. 같이 출근하고 퇴근 후 사택에서 저녁밥을 먹으며 대화를 나눴습니다. 근무하면서 있었던 재미있는 일화와 힘들었던 일을 말하면서 회사 이야기에 울고 웃었지요. 즉, 하루 24시간을 회사에만 집중하며 살아간 것입니다.

이 당시 저는 잘 몰랐어요. 하루 24시간을 회사에 몰두하면 저에게 어떤 영향을 미치게 되는지 말입니다. 육체적, 정신적으로 피로가 누적되었고 생산성이 감소했어요. 거기에 인정받고 싶은 마음이 융합되니 몸의 적신호를 외면하면서 일에 전념하는 게 익숙해졌습니다.

개인적으로 공부에 성취감을 느껴왔습니다. 그런데 회사에만 집중하게 되면서 개인 공부 시간을 가질 수 없었지요. 회사 업무와 개인 일상의 균형이 무너지면서 삶이 쳇바퀴처럼 지겹게 반복된다는 느낌을 받았습니다. 삶의 다른 측면은 고려하지 않고 회사에 지나치게 집중한 결과, 저는 피해의식 덩어리가 되었지요.

회사에 전념하면서도 회사에만 몰두해야 하는 상황이 싫었어요. 이에 따라 더욱 지쳤습니다. 그러던 중 선배 직원이 대학교에 다니라는 조언을 해주었지요. 이 조언을 건넨 그녀에게 깊이 감사합니다. 왜냐하면 직접 경험에서 깨달은 해결 방법을 저에게 알려줌으로써 제가 행복해지길 바라는 마음이 느껴졌기 때문입니다. 저는 그녀 덕분에 대학교에 다니고 싶다는 열망이 생겼어요.

그러나 대학교에 다니려면 근무 시간을 조정해야 했고, 이것이 다른 직원들에게 부담이 될 거라는 생각에 죄책감이 들었습니다. 그리고 저는 열망과 죄책감 사이에서 혼란스러워하며 아무것도 하지 않았어요. 회사에만 몰두하다 보니 동료 직원들과 다르게 행동하는 것이 겁났습니다. 이기적이라는 꼬리표가 생길까 봐 걱정하게 된 것이지요. 시작할 용기가 없었기에 대학교에 대한 생각은 접기로 합니다.

동료 직원들과는 다른 생각을 선택하겠어

2017년 8월의 무더운 여름날, 극심한 통증을 느끼며 응급실에 다녀왔습니다. 이때 제 증상과 언제 죽을지도 모른다는 진실이 인생의 결단을 할 수 있게 만들었죠. 저는 '내 삶에 1순위는 나 자신'이라는 결단 후에 대학 진학 조언을 떠올렸고 곧바로 대학교에 입학해야겠다는 생각이 들었어요. 이 상황을 변화시키지 않는다면 정신도 완전히 망가질 것 같다는 생각에 미쳐버릴 것 같았거든요. 그래서 저는 2018년부터 대학에 다니기로 결심했습니다.

2018년도 1월 말, 모두가 꺼리는 창구 업무에 배치되었습니다. 전임자보다 많은 업무를 받아 주위 동료 직원들까지 걱정할 정도였지요. 사실 객관적으로 보아도 불합리한 상황이었습니다. 예전의 저였다면 '왜 나에게만 이럴까. 일을 하면 할수록 업무가 늘어나는 회사…'라고 원망하며 억지로 받았을 겁니다.

그런데 다시 생각해보니 다른 직원들에게서 저에 대한 우려가 분명 나왔을 것입니다. 제가 대학교를 이유로 근무 시간을 조정하면 제가 없는 시간에는 누군가 저를 대신해야 할 테니까요. 이렇게 생각하니 제가 전임자보다 더 많은 일을 하면서 다른 이들의 부담을 덜어주는 상황이 감사하게 느껴졌어요. 저도 더 이상 죄책감이 들지 않았고 제가 대학교를 다니는 걸 받아들여 준 동료 직원들에게 감사했습니다.

2018년 3월부터 퇴근 후 대학교에 등교했습니다. 저는 이때부터 업무와 개인 생활이 분리되는 효과를 실감할 수 있었어요. 회사를 나서는 순간, 업무 관련 잡생각들을 기억에서 지워버렸습니다. 못다 한 일이 떠올라도, 다음 날 근무시간에 처리할 수 있도록 핸드폰 알람을 설정했어요. 그리고 잊어버렸지요. 다음 날 출근하면 8시부터 9시까지 그 일을 포함한 모든 업무를 처리했습니다. 그렇게 회사와 일상을 분리해낸 저는 일과 학업 모두에서 우수한 성과를 내게 되었습니다.

정신적 스위치를 가지고 싶은 너에게

대학교를 다니기 시작하니 일과 삶에 균형이 생겼습니다. 덕분에 업무 시간에는 업무만, 개인 여가시간에는 그 활동에 집중할 수 있었습니다. 학교에서는 학업에만 몰입했기에 배움에 대한 즐거움을 온전히 찾을 수 있었지요. 제가 선택한 활동을 할 수 있는 환경에 감사하는 마음을 잊지 않았습니다. 그리고 지금 당장 할 수 있는 최선의 행동을 매일 해나갔지요. 덕분에 다양한 세상을 수용할 수 있는 식견이 생기기 시작했어요.

대학교는 저에게 회사 업무와 개인 생활을 분리하는 정신적 스위치가 되어주었습니다. 그리고 정신적 스위치는 이 시기 저에게 일과 학업의 성과를 동시에 이루게 해준 토대가 됩니다. 인생의 중요한 경험이었지요.

제가 대학교를 통해 회사 업무와 개인 생활을 분리한 것처럼 정신적 스위치를 가지고 싶은 이들에게 전합니다. "축하합니다! 지금 당신만의 정신적 스위치 전원이 들어왔습니다!" 이 스위치를 자유자재로 작동시키고 싶다면, 이제 생각이 쉽게 전환될 때까지 반복 연습하면 됩니다. 먼저 회사 생각을 어떤 활동으로 전환하고 싶은지 고르고 매일 그 활동에 집중해봅시다. 머리를 많이 쓰는 활동일수록 좋습니다. 시간제약이 있을수록 좋아요. 시간 내 해내야 한다는 집중력 덕분에 잡생각이 떠오르지 않을 것이기 때문입니다. 즐길 수 있는 활동을 생각해봅시다. 재미가 없다면 지속하지 못하니까요. 매일 하면서 탄력성을 유지하다 보면 어느새 습관이 되어 있을 것입니다.

그런데 다른 활동을 찾기 전에 반드시 짚고 가야 할 사실이 있어요. '시간이 없다', '주위에 할 게 없다', '여건이 안 된다', '못 할 것 같다', '할 수가 없다'는 생각이 들지도 모릅니다. 괜찮습니다. 저도 처음에는 이런 이유로 대학에 다닐 수 없다고 생각했으니까요. 이후 대학교 입학을 결심하고는 회사와 대학을 병행할 수 있는 환경을 스스로 만들어냈지요.

시간이 안 될 때는 시간이 되는 활동을 찾으면 됩니다. 근처에 없으면 근처에 있는 활동을 찾으면 돼요. 원하는 활동을 하기 어렵다면 할 수 있는 환경을 만들면 됩니다. 혹시 못 하겠다는 생각이 든다면 못 하는 게 아니라 아직 하고 싶지 않은 것이라고 생각해 봅시다. 할 수 없는 게 아니라 할 수 있는 환경 만드는 법을 모르는 거라고 생각해 보자고요. 정말 마음 깊이 원한다면 어떤 상황에서든 해낼 방법을 찾아낼 테니까요.

정신적 스위치를 가지고 싶다면 자신의 능력을 믿어야 합니다. 회사와 다른 활동에 대한 생각을 분리시킬 수 있다고 믿어야 합니다. 나의 관점과 태도를 바꾸면 나에게 다가오는 환경도 변화합니다. 나의 사랑하는 친구인 당신 또한, 당신에게 정신적 스위치가 되어줄 활동을 찾아내기를 마음 깊이 응원합니다.

3

삶의 의미를 발견한다는 것

"일반적으로 인생의 의미란 없다."

–『미움받을 용기』, 기시미 이치로 외 1인

제 신념에 변화를 준 책 『미움받을 용기』에서는 "일반적으로 인생의 의미란 없다."라고 주장합니다. 삶의 의미는 자신이 부여하는 것이라고 말이지요. 그래서 저도 저에게 삶의 의미를 부여해주었습니다. "나는 내가 원하는 모든 일을 하면서 사랑하는 사람들과 즐겁게 살 거야!"

원하는 모든 일을 할 수 있다면 얼마나 행복할까요? 저는 하고 싶은 게 넘쳐나는 사람입니다. 작곡, 건축, 미술을 배워서 저만의 음악을 만들고 싶고, 내 집을 짓고 싶고, 여유롭게 그림 그리면서 살고 싶습니다. 그리고 저를 사랑하는 눈빛으로 바라보는 남자와 결혼해서 3명의 아이를 낳고 행복한 가정을 꾸리고 싶어요. 사람들 앞에서 강연도 하고, 자산가와기업가도 되고 싶습니다. 메타버스 세계에 제 이름을 딴 마을을 만들면 얼마나 멋질까요? 메타버스와 현실에는 제가 직접 지은 집에 사는 거죠. 그러면 저는 정말 행복할 거예요!

그런데 제가 살아가는 동안 위의 꿈들을 모두 이루기 위해서는 경제적인 능력이 있어야 합니다. 거기에 시간도 자유로워야 하지요. 그래서 저는 2024년까지 월 1,000만 원 현금흐름을 만든 후 퇴사하는 것을 목표로 정했습니다. 메타버스에서 사업을 하며, 2026년까지는 순자산 30억 자산가가 되기로 했어요. 그런데 이 모든 일은 제가 영향력 있는 사람이 되는 게 시작이었습니다. 그래서 2023년 목표를 '10만 명에게 선한 영향력을 준다!'라고 정합니다.

삶의 의미를 발견하고 시작한 일

2023년 목표를 위한 실천으로 1월부터 재능 나눔을 시작했습니다. 블로그에 선언하고, 사람들에게 매일 아침 응원의 글을 전하고 있습니다. 평일 저녁에는 신청자를 받아서 1대 1로 재무관리, 습관 만들기 상담을 진행했어요. 이 두 가지 활동만으로는 1년 내 10만 명에게 닿기 어려울 것이라 판단하여, '책'을 써서 작가가 되기로 합니다. '2023년 7월까지 종이책 작가 되기'라는 작은 목표를 세웠고, 출판사와 출판 계약을 완료했습니다. 평일 저녁 혹은 주말에 종일 이 책의 초고를 작성했어요.

저는 아침에 일어나서부터 잠들기 직전까지 독서와 글쓰기에 전념합니다. 평일 하루 일정으로는 아침에 5시 기상해서 오늘 할 일과 계획 세우기, 목표 100번 쓰기, 스트레칭, 자신감 선언과 확언을 외칩니다. 그후 2시간 동안 책 필사와 함께 생각을 담은 글을 써서 '굿모닝 동기부여' 방에 전달하지요. 출퇴근길에 이북 듣기, 점심시간에는 이북 들으며 운동하기. 퇴근 후에는 상담 신청자들과 1대 1 만남의 재능 나눔 시간을 가집니다. 이외 시간에는 거의 책을 쓰고 있습니다. 목표에 집중하면서 저녁을 보내면 어느새 새벽 1시가 훌쩍 넘는 날이 부지기수지요.

평일에 필요한 일을 끝내지 못한다면 주말을 활용합니다. 주말에는 책 쓰기 강의를 듣고 책을 쓰거나 마케팅 공부 등 평일 저녁에 못다 한 일을 진행합니다.

저의 하루 일과를 아는 사람들은 그렇게 매일 하면 피곤하지 않느냐고 물어봅니다. 하루 24시간이 쉴 틈 없이 너무 바빠서요. 물론 저도 매일 이렇게 방대한 일정을 소화하는 것이 지치고 힘들 때도 있습니다. 잠깐 쉬고 싶을 때도 있어요.

그런데 제 글을 읽으면서 에너지와 동기부여를 얻었다고 말하는 이들이 있습니다. 제 글을 읽으면서 많이 생각하고 깨달음을 얻었다고 말해요. 자신이 변화했다고 말합니다. 제가 매일 글 쓰는 모습을 보면서 자극받고 영감을 얻었다고 해요. 어떤 이는 제 글이 지친 일상에 따뜻한 햇살 같다고 했습니다.

언젠가 제 이야기가 누군가에게 도움 되는 날이 올 거라 상상한 적이 있습니다. 그리고 저는 이제, 글을 통해 매일 누군가에게 힘을 주고 있습니다. 제가 가진 재능을 나눔으로써 타인의 마음을 선한 방향으로 움직이고 있다는 사실을 체감하고 있지요. 저의 재능 나눔 활동이 사람들에게 힘이 되고 있다는 사실을 아는데, 제가 어찌 포기할 수 있겠습니까? 선한 영향력을 주겠다는 제 목표는 매일 결심하고 실행하면서 점점 진정성이 커졌습니다.

재능 나눔을 하면서 놀란 게 있습니다. 사람들에게 제가 가진 걸 나눠주기 시작하자 오히려 제가 더 성장하고 있다는 것을 실감했기 때문입니다. 글을 쓰면서 광범위한 생각들은 머릿속에서 단순하게 재정립되었습니다. 그와 동시에 생각을 재검증할 기회도 얻었지요. 왜냐하면 타인에게 어떤 개념을 알려주기 위해서는 제가 명확하게 알고 있어야 하기 때문입니다.

전날 기분 나쁜 일이 있어도 '굿모닝 동기부여' 글쓰기는 계속했습니다. 이 행동은 습관이 되었고 끈기를 길러주었어요. 또한 이전에 쓴 글을 다시 읽고 수정하면서 과거의 저에게 에너지를 받았고, 누군가에게 도움을 준다는 마음으로 글을 쓰다 보니 부정적인 감정은 어느새 사라졌습니다.

주변 환경에 쉽게 흔들리는 너에게

제 삶의 의미는 친구들과의 약속에도 영향을 미칩니다. 저에게는 한 달에 한 번씩 만나던 친구들이 있었습니다. COVID-19 전까지는 그들과 일년에 한 번 이상은 해외여행을 다녔지요. 하지만 여러 이유로 2년 동안 만나지 못했고, 이번엔 꼭 만나자며 3개월 전에 약속을 잡았습니다.

그렇게 정해진 날짜는 2022년 12월 10일. 그런데 3일 전인 12월 7일에 저는 문자를 받습니다. "웰씽킹 강연에 몇 분을 추천받아 강연 현장에 초대하고 있습니다. 현장 참석을 원하신다면 성함, 연락처를 남겨주세요."

저는 강연 현장에 참석하기로 5초 만에 결정합니다. 그리고 친구들에게 미안하지만 만날 수 없다고 말했죠. 그 강연은 2022년 켈리 최 회장 연말 강연이었고, 그녀는 저에게 꿈을 이루는 방법을 알려준 롤 모델입니다. 그동안 화면 너머 현장에 있던 사람들이 부러웠습니다. 그런데 드디어 저에게 기회가 찾아온 것이지요!

사실 문자를 받기 이전에 약속일 저녁 4시간 강연을 봐야 한다며 친구들에게 양해를 구한 상태였어요. 게다가 다른 친구도 콘서트를 취소하고 선약을 지키겠다고 했던 상황이었습니다. 친구들은 저에게 이해 안 된다고 말했습니다. 온라인으로도 볼 수 있는데 약속을 깨면서까지 오프라인 강연을 들어야 하는지 말입니다. 그리고 한 친구는 "나는 어떤 상황에서든 선약이 더 먼저야."라고 했지요.

친구들에게는 미안했지만 저는 결정을 굽히지 않았습니다. 제 삶의 1순위는 자신이고, 지금 제 인생의 우선순위는 '꿈을 이루기 위한 목표'니까요. 이것은 제 삶의 의미인 '원하는 모든 일을 하면서, 사랑하는 사람들과 즐겁게 사는 것'을 위해 최우선으로 삼는 가치였죠.

친구들과의 약속을 파하고 제 삶의 의미를 선택할 때 친구들이 저를 이해 못 해도 어쩔 수 없다고 생각했습니다. 그들이 저를 내친다고 해도 기꺼이 받아들였을 거예요. 제가 그들의 생각을 제어할 수 없는 것처럼 그들도 제 생각을 통제할 수 없으니까요. 하지만 제 삶의 가치를 지키기 위해 그들에게 피해 준 것은 사실이었어요. 그래서 약속 취소로 인한 취소 수수료 부담과 다음 날 점심은 제가 찾아가서 사주겠다고 말했지요. 그들이 제 행동을 어떻게 판단했든 상관없이 저는 그들에게 최선의 행동을 했습니다.

누군가는 제 결정을 이해할 수 없을지도 모릅니다. 어떤 이는 멋지다고 생각할 수도 있고요. 저는 제 행동이 객관적으로 옳은 일이라고 주장하는 게 아닙니다. 제 인생의 우선순위에 따라 결정했기 때문에 제 행동을 후회하지 않는다는 생각을 전하고 싶습니다. 얽히고설킨 사람들과의 이해관계 속에서도 빠르게 결정하고 결단력 있게 행동할 수 있었던 이유는, 제 삶의 의미를 발견하고 그에 따른 우선순위를 부여했던 덕분입니다.

4

두려움이 찾아올 때

강인한 운동, 클라이밍을 하다

키가 작고 왜소한 저는 어린 시절부터 운동하는 사람을 동경해왔습니다. 특히 클라이밍을 하는 사람들은 모두 강인하게 보였어요. 중력이라는 근본적인 힘을 거슬러 암벽을 타고 목표 지점으로 올라가는 운동이기 때문입니다. 2015년 어느 친구에게 클라이밍을 시작했다는 얘기를 듣고, '나도 클라이밍을 하면 강해질 것 같아!'라는 생각을 지니게 되었습니다. 그리고 2021년 2월, 휴직 기간을 이용하여 '클라이밍'이라는 새로운 운동에 도전하게 되었지요.

클라이밍을 하기 위해서는 인공 암벽이 있는 암장에 찾아가야 합니다. 실내 암장 바닥에 쿠션이 있었지만 그 외에는 안전장치가 없어서 스스로 안전에 주의해야 했지요. 운동하다가 다치는 게 무서웠던 저는 너무 무리하지 않고 운동하기로 다짐합니다. 그러나 문제를 해결해가는 과정에서 더 어려운 문제에 도전하고 싶은 욕구가 생겼지요. 다음 난이도의 문제를 성공적으로 완등하면서 이에 대한 성취감을 느꼈습니다. 해결 가능한 문제가 많아지면서 운동이 더욱 재미있었어요. 그래서 저는 조금씩 난이도 높은 문제에 도전하면서 실력을 키우기 시작합니다.

그런데 바닥 쿠션 외에 마땅한 안전장치가 없다는 불안함은 매번 저를 괴롭혔어요. 주 3회의 운동으로 인해 손바닥에 굳은살이 생겼고 그 상태로 벽을 오르다가 발이 미끄러졌습니다. 다행히 손으로 홀드를 꽉 잡고 있어서 떨어지진 않았지만 내려와서 손을 확인해 보니 굳은살이 뜯어져서 빨간 속살이 보였죠.

큰 통증도 아니었습니다. 하지만 운동하면서 다치는 걸 원하지 않았던 저에게는 비상사태였지요. 다친 손바닥을 보호하며 옷을 입고 암장을 나섰습니다. 이후 거리도 멀고 다른 운동을 시작했다는 핑계를 대면서 암장에 가지 않았습니다.

2개월 후, 저는 클라이밍에 한 번 더 도전하기로 결심했어요. 집에서 10분 거리에 새로운 암장이 문을 열었다는 소식은 저에게 두려움을 이겨낼 기회로 다가왔기 때문입니다. 이번에는 철저하게 강습 받으면서 운동하기로 합니다. 무리하지 않고 조금씩 실력을 쌓아나가기로 마음먹었고 낙법부터 멀리 있는 홀드를 잡는 방법까지 차근차근 배웠습니다. 강사의 지도에 따라 조금씩 기술을 터득하며 실력이 향상되었어요. 클라이밍에 불리한 신체 조건으로 못 푸는 문제도 있었지만 여러 가지 대안을 활용하면서 등반을 계속했습니다. 다치지 않을까 무서워하던 제 마음은 강습을 받으면서 점차 완화되었지요.

그러던 어느 날, 저와 함께 강습 받던 수강생이 발을 헛디디며 3m 높이에서 떨어지는 사고가 발생했습니다. 다친 수강생은 팔목을 부여잡으며 통증을 호소했고 강사들이 즉시 응급조치를 취한 후에 병원 응급실로 이송했습니다. 그녀는 제 눈앞에서 떨어졌고 제 앞에서 고통을 호소했습니다. 다음 수업에서 강사는 그녀가 팔에 골절이 생겨 한 달간 강습에 나오지 못할 것이라고 말했어요. 본인도 강습 중에 다치는 사례는 처음이었다고 말했습니다.

저는 이 사건 이후로 등반하는 것이 무서워졌습니다. 이후 암장에 갈 때마다 그 사건이 떠오르며 이런 생각이 들었어요. '만약 나도 떨어져서 다치면 어떡하지? 아무리 조심해도 다치는 건 한순간이잖아.' 남은 강습 기간에 저는 다칠까 봐 두려워서 높은 벽에 올라가지 않았습니다. 안전을 최우선으로 문제를 풀었지요. 그리고 강습 기간이 종료된 후에는 더이상 그 암장에 가지 않았습니다.

그리고 약 1년 후인 2022년 9월, 저는 다시 클라이밍에 도전합니다. 평일 점심시간을 활용하여 운동할 수 있는 암장이 회사 근처에 생겼거든요. 평일 저녁 운동 시간이 부족했던 저에게는 아주 적절한 운동 장소였지요. 이는 제가 두려움을 극복해낼 도전의 기회로 다가왔습니다.

충분히 스트레칭을 하고 오랜만에 홀드를 잡았습니다. 처음에는 마음가짐을 새롭게 시작한다는 생각으로 쉬운 문제들에 집중했어요. 7단계의 난이도로 이루어진 문제 중 1단계부터 3단계는 모두 등반했지요. 그런데 6개월이 지나도 저는 4단계 난이도의 문제를 모두 풀어내지 못했습니다.

사실 저의 신체 능력은 이미 4단계 문제 전체를 충분히 완등할 만한 상태였습니다. 5년 동안 꾸준히 운동하면서 근육량이나 힘은 이미 평균 이상이었으니까요. 그런데 제가 이 난이도에 머무를 수밖에 없는 이유는 명확했습니다. '떨어져서 다칠까 봐'라는 생각, 즉 실현되지 않은 두려움 때문입니다. 손 하나만 떼면 완등할 수 있는 문제였어요. 하지만 떨어져서 다칠지도 모른다는 지레짐작으로 무서워서 포기하고 내려왔던 것입니다. 저는 이 문제에서 두려움을 이겨내고 싶다는 열망이 생겼습니다.

2023년 3월 8일, 점심시간에 암장으로 향하는 길에 생각했습니다. '그동안은 내가 등반하기 전에 마음을 제대로 다잡은 적이 없었구나.' 그날은 운동복으로 갈아입고 거울 앞에 서서 활짝 웃었습니다. 그리고 "나는 짱이다! 오늘 4단계 다 완등한다!"라고 외쳤습니다. 그 말을 하는 제 모습이 재미있었어요. 그런데 거울 속의 제 표정은 이미 두려움을 이겨내고 웃는 것처럼 보였습니다. 자신감 가득한 상태로 스트레칭을 하며 몸을 쭉쭉 풀어주었어요. 그리고 암벽 앞에 서서 문제를 하나씩 해결하기 시작합니다.

하나, 둘, 셋, … 아홉, 열! 드디어 4단계 문제를 모두 완등해냈습니다. 그것도 저에게 주어진 점심시간, 30분 만에요!

인생에 다가올 모든 두려움을 이겨낼 너에게

제가 두려움을 이겨낸 방법은 단 하나입니다. '두려워도 계속 도전하는 것.' 불안감이 남아 있어도 다시 도전했습니다. 두려움을 마주하면서도 계속해서 나아갔어요. 이는 저의 습관이 되었고 과거 성과를 냈던 과정들과도 일맥상통합니다.

제가 '공부'를 결단했을 때 즉시 극적인 결과가 나오지는 않았습니다. 그러나 저는 멈추지 않고 계속했지요. 회사와 학교를 병행할 때 힘들고 지치는 순간들이 있어도 마음을 다잡고 계속해서 나아갔어요.

메타버스 공모전에 팀을 꾸렸을 때도 마찬가지입니다. 우리 팀은 하나가 된 것처럼 휴일 없이 열정적으로 작업했지만 예선에서 떨어졌습니다. 그러나 다시 도전했고 우리 팀은 공모전에서 수상했어요.

저는 사람들 앞에서 발표하는 게 무섭습니다. 공모전 결선 날에 심사위원과 참가자들 앞에서 발표하는 것도, 봉사활동으로 학생들 앞에서 제 이야기를 하는 것도요. 하지만 저는 피하지 않았고, 있는 그대로의 모습을 보여주었습니다. 지금도 저에게 발표할 기회가 오면 '일단 해보자.'라고 생각합니다.

2023년 목표인 '10만 명에게 선한 영향력 주기'도, 책을 출간하겠다는 목표도 비슷합니다. 저는 지금도 독자들에게 제 글이 어떻게 읽힐지 두려움과 마주하고 있어요. 하지만, 그럼에도 불구하고 멈추지 않습니다. 글을 계속 씁니다. 결국엔 제가 이 두려움을 넘어설 거라고 생각하기 때문입니다.

저는 그 누구보다 강인한 사람이 되고 싶었어요. 가난과 따돌림, 그리고 선입견이 가득한 사회생활을 겪으면서 더 간절해졌지요. 제 신념과 태도를 바꾸지 않았다면, 저는 어쩌면 세상을 원망하고 원색적으로 비난하는 인간이 되었을지도 모릅니다. 하지만 이제는 압니다. 강인함은 타고나는 게 아니라 만들어지는 것이라는 사실을 말이죠. 시련과 역경에 부딪히고, 견디고, 이겨내고, 또다시 다치고, 버티고, 극복하고…… 이 과정을 반복하고 성장하면서 단단해지는 것이었습니다.

그동안 여러 고난을 극복하면서 성장했습니다. 앞으로도 두려움을 이겨내고 제 한계를 극복해나갈 힘이 있다는 사실을 믿어요. 지금도 제가 원하는 모습에 점점 가까워지는 걸 느낍니다.

인생이라는 암벽에서, 목표라는 완등 지점을 향해 오늘도 등반하고 있는 저는 원더우먼입니다!

외로움이 느껴질 때

사람들과 어울리는 게 즐겁지만

저는 10년 차 직장인입니다. 제 삶은 지금 완벽한 불균형이에요. 근무 시간 외에, 거의 모든 시간은 목표를 위한 활동에 집중하고 있기 때문입니다. 아침에 일어나서 오늘의 계획을 세우고 목표 100번 쓰기, 확언과 자신감 선언을 외친 후 글을 씁니다. 회사 점심시간에는 운동과 독서를 하고 퇴근 후에는 곧장 집으로 가지요. 그리고 저녁 식사 후엔 재능 나눔 만남과 책을 쓰고 있습니다.

회사에는 젊은 직원들이 많이 있어요. 그들은 점심시간과 퇴근 후에 친한 동료들끼리 삼삼오오 모여 친목을 다집니다. 같이 어울려 웃는 모습이 즐거워 보여요. 그러나 저는 거기에 어울리지 않습니다. 왜냐하면 직장인으로서 하루 24시간을 모두 활용하기 위해서 우선순위를 정해야 했고 현재 제 인생의 우선순위는 '꿈을 이루기 위한 목표'이기 때문입니다.

그들은 저도 함께 어울릴 수 있도록 손을 뻗어주었습니다. 좋은 사람들이고, 다가와 줘서 고마웠어요. 그들에게 가끔 이렇게 말하고 싶었지요. "나도 너희랑 어울리는 게 즐거워. 다음에도 같이 놀자!" 하지만 다른 이들과 어울리기에는 목표 달성까지의 시간이 충분하지 않다고 생각했습니다. 그래서 말을 아꼈어요. 이후 제안도 매번 거절하자 그들이 저에게 먼저 손을 뻗는 일은 사라졌습니다.

2016년, 회사가 제 인생의 전부였던 시절에는 회사 직원들과 친구처럼 지냈습니다. 가을이면 대하를 사 와서 함께 소금구이 해 먹기도 하고 우울한 동료를 위로하기 위해 치킨과 맥주를 함께 하기도 했지요. 노래방이나 양궁장에 함께 가고 아지트 카페를 만들어서 자주 모였어요. 생일마다 케이크를 사서 축하 파티를 하고 시에서 주최하는 초청 가수 콘서트도 함께 보러 갔습니다. 한번은 차를 타고 산꼭대기에 올라가서 별을 감상하기도 했지요.

회사에서는 끊임없이 쏟아지는 일에 지쳤지만, 퇴근 후 직원들과 함께 하는 시간은 항상 즐거웠습니다. 우리는 서로가 서로를 위해주었고 어려운 일이 있을 때는 서로의 편이 되어주며 응원했어요. 현재는 모두 다른 근무지로 흩어졌지만 가끔 그 시절이 떠오르며 그리워지기도 합니다.

현재 근무지의 젊은 직원들은 점심시간에 함께 밥을 먹은 후 카페에 가는 게 문화입니다. 저는 점심에 운동한다는 이유로 매번 직원들과 어울리는 제안을 거절했습니다. 시간이 흐르면서 제가 모르는 이야기가 늘어나는 게 당연한 일이었지요. 그리고 저는 이 상황에서 소외감을 느꼈어요. 저도 감정이 있는 사람이다 보니, 외로운 건 어쩔 수 없었나 봐요.

점심 운동을 시작하던 시기에 한 직원이 어떤 직원으로부터 이런 말을 들었다고 전해줬어요. "지연 대리만 혼자 떨어져 있는 것 같으니까 잘 챙겨줘." 그 말을 전해 듣는데 서러움과 화가 밀려왔습니다. 저는 이 감정의 이유가 헷갈렸어요. 외롭다는 마음을 들킨 것에 수치심을 느낀 건지, 저를 멋대로 불쌍하게 여기는 타인의 시선에 화가 났던 건지 말입니다.

저는 이 말을 듣고 나서 전혀 외롭지 않다고 부인해볼까도 생각해봤어요. 목표를 향해 성장하는 과정이 행복하기만 하다고 말이지요. 그런데 제 감정을 다시 살펴보면 저는 외로운 게 사실인걸요. 만약 외로운데 행복한 척한다면 저는 제 감정을 속이는 겁니다. 그뿐 아니라 다른 이들을 거짓으로 대하는 것이죠. 그래서 저는 이 감정을 있는 그대로 인정해주기로 했습니다.

저를 향한 누군가의 안타까운 시선에 잠시 자괴감을 느꼈습니다. 그런데 지금 이 외로움에 굴복하여 사람들 틈에 다시 들어간다면 지난날의 불행한 모습으로 되돌아갈지도 모른다는 생각이 들었지요. 자신의 호불호도 모른 척, 다른 사람들을 맞춰주는 게 익숙하던 과거의 제 모습으로요. 저는 절대 과거로 돌아가고 싶지 않았습니다. 그래서 저는 목표를 되새기며 제가 선택한 길을 향해 묵묵히 나아가기로 합니다. 제 삶의 1순위는 저 자신이니까요. 사람들이 판단하는 저의 모습에 전전긍긍하지 않겠습니다. 타인의 시선을 신경 쓰지 않고 지내기로 다짐했으니까요.

저도 누군가와 함께하고 싶은 평범한 사람입니다. 외로움을 느끼고 다른 이들과 비슷한 생각을 하는 평범한 사람이에요. 다만, 저는 제 인생을 변화시키고 싶을 뿐입니다. 그래서 다른 이들과 다르게 생각하고 다르게 행동했습니다. 그래야 제 인생이 바뀔 것이라 믿기 때문입니다. 만약 저와 관심사나 생각이 비슷한 사람이 있다면 기쁘게 어울릴 거예요. 그리고 제 도움이 필요하다면 기꺼이 도와줄 생각입니다.

사람들과 함께 성장하고 싶은 너에게

매일 아침 글을 전하는 '굿모닝 동기부여' 방을 만들었습니다. 저는 사람들에게 동기부여와 격려를 나눠주고 싶었습니다. 그런데 이제는 제가 더 많은 에너지를 받고 있지요. 현재 이 방은 서로가 서로에게 힘을 주는 공간이 되었습니다. 서로를 존중하고, 있는 그대로 인정해주는 사랑 넘치는 공간입니다. 저는 사람들과 함께 성장하면서 제가 나아가는 길이어질고 바른 방향이라는 것을 더욱 확신하게 되었습니다.

제 길을 확신하고 외로운 게 싫다고 해서 다른 이들에게 제 생각을 억지로 주입하고 싶지는 않습니다. 비록 의도가 좋다고 해도 그건 상대를 존중하는 태도가 아니기 때문입니다. 그리고 이 강요는 다른 사람에게 맞춰주는 이에게 생각의 주도권을 빼앗는 행동이 될 수 있으니까요.

저와 어울렸던 친구들은 제가 변화한 모습을 보며 서운해 하기도 합니다. 이해할 수 없다고 말하기도 하지요. 그런데 저는 이제 타인의 말에 흔들리지 않습니다. 그들이 저에게 자기감정을 표현한 것처럼 저도 새로운 가치관을 표현합니다. 제가 그들의 생각을 존중하는 것과 같이, 제 생각도 존중받고자 하는 것이죠. 제가 그들의 인생을 책임질 수 없듯이 그들도 제 인생을 책임져 주지는 않으니까요.

자기 계발을 하는 사람들은 대부분 '외로움'이라는 감정을 느껴봤을 것입니다. 저도 그랬고 제 주위 성장을 추구하는 사람들도 마찬가지였거든요. 지금 외로움을 느끼는 이들에게 말해주고 싶습니다. 자기 계발을 하는 사람이 주변에 없다면 외로움을 느낄 수밖에 없다고요. 제 지인은 이 현상에 대해 이렇게 표현하기도 했어요. "나만 빼고 세상이 온통 잿빛이 된 것 같다."

자기 계발을 하는 사람들은 가치관, 신념, 취미 생활 등이 모두 변하면서 사람과 상황을 보는 관점이 달라집니다. 처음에는 가까운 사람에게 새로운 지식을 나눠주고 싶어서 열정적으로 설명할 거예요. 그런데 말을 하면 할수록 벽에 막힌 기분이 들 것입니다. 대화가 이어지지 않을 수도 있어요. 상대방은 그 말의 의미와 필요성을 이해하지 못할 가능성이 크니까요. 침대의 푹신한 안락만을 추구하고 딱딱한 책상에서 공부하는 걸 피하는 사람이 대부분입니다. 그래서 경제관념도, 그에 따른 관심사도 다르지요.

저는 이런 상황에서는 누군가를 변화시키려고 시도하기보다는 생각이 비슷한 사람끼리 만나라고 말하고 싶습니다. 함께하고 싶은 사람을 찾아서 새로운 인연을 맺는 거죠. 온라인 커뮤니티에는 자기 계발을 추구하는 사람들이 많이 있습니다. 관심 있는 분야의 커뮤니티에 참여하여 자유롭게 교류하고 마음껏 어울리는 겁니다. 다양한 사람들과 대화하면서 세상을 다른 시각으로 바라보는 눈을 넓히는 거죠!

그러다가 자기 계발을 시작하는 친구가 도움을 요청하면 도움의 손길을 내미는 거예요. 우리는 친구에게 우리가 느꼈던 외로움을 똑같이 주고 싶지 않을 테니까요.

6

꿈을 향해 퀀텀 점프

"내가 가진 선한 영향력으로

다른 사람을 살릴 수 있다면

그것만큼 완벽한 삶은 없다."

― 『웰씽킹』, 켈리 최 ―

경제적 자유를 공부하던 저에게 친구가 하나의 영상을 건넸어요. 영상에 나온 인물은 '켈리 최' 회장. 그 영상을 시작으로 저의 또 다른 인생이 시작되었고 그녀는 제 인생의 롤 모델이 됩니다.

그녀는 영국 부자 순위를 통해 부와 성공이 공인된 여성 사업가입니다. 영상에서 그녀가 하는 말은 제가 연 550만 원의 유료 강의에서 들었던 개념과 정확히 일치했어요. 게다가 유료 강의에서 모호하게 언급하던 내용에 대한 답을 시원하게 풀어 주었지요. 그녀를 따른다면 제가 느끼던 2%의 갈증까지 채워질 것이라고 확신했습니다. 그래서 이때부터 저는 그녀의 말을 모두 따르기로 결심합니다.

그녀가 잠재의식이 중요하다고 해서 저도 잠재의식을 믿기 시작했어요. 시각화가 효과적이라고 말하기에 매일 시각화를 실천했습니다. 기상 직후가 잠재의식이 가장 활성화되는 시기라고 해서 그 시간에 긍정 확언을 필사하기 시작했지요. 중장기 목표를 먼저 명확하게 설정하라고 조언했기에 저도 목표를 정하고 매일 100번씩 쓰기 시작했습니다.

메타버스 사업을 향한 발걸음

2022년 4월, 제가 가장 처음으로 쓴 목표는 '2024년 메타버스에서 사업하기'입니다. 목표 100번 쓰기와 동시에 『생각하라 그리고 부자가 되어라』 책을 한 달 동안 4회 정독하면서 메타버스에서 사업할 방법에 대해 끊임없이 고민했습니다. 그러다가 갑자기 '메타버스 개발자 경진대회'에 참가해야겠다는 생각이 떠올랐어요. 이어서 저는 이 대회에 참가하기로 결심합니다.

경진대회를 참가하기 위해서는 개발자 모집이 우선이었어요. 저는 개발에 문외한이었고, 아는 사람도 없었습니다. 그러다 문득 책에서 읽었던 '50센트가 준 끈기라는 교훈' 이야기가 떠올랐습니다. 어린 여자아이가 덩치 큰 다혈질 사장에게 50센트를 받아낼 때까지 포기하지 않았다는 내용이었지요.

이 이야기가 떠오르면서 지금 당장 개발자들이 모인 오픈 채팅방에 글을 올려야겠다는 생각이 들었어요. 저는 그 생각에 따라 모집 글을 올렸고 제가 올린 글은 잠잠했던 오픈 채팅방에 엄청난 활기를 끌어냈습니다. 그 결과, 저는 7일 이내에 팀원들을 모두 구할 수 있었습니다.

우리 팀원들은 5개월 동안 경진대회 준비를 위해 열정을 다했습니다. 처음에는 얼굴이나 이름, 성별도 몰랐지만 우리 팀은 점점 하나가 되어 갔어요. 팀원들은 직장, 취업 준비, 아르바이트, 다른 공모전과 취업학원을 다니면서도 팀 작업을 병행했습니다. 작업 진행 상황은 활발하게 공유되었고 다른 일과를 병행하고 있다는 게 믿겨지지 않을 정도로 엄청난 속도로 작업이 진행되었습니다.

작업 중간 한 명의 건강 상태 악화로 팀원이 줄어들 때도 주최 측의 장비 지원심사에서 탈락하는 상황에도 흔들리지 않고 해결책을 찾아 나갔습니다. 모든 문제를 함께 해결해나가는 팀원들을 보며 점점 확신이 생겼어요. '우리 팀은 대상을 받을 것이다!'

그러나 우리 팀은 경진대회 예선에서 탈락합니다. 저는 이 소식을 팀원들에게 전했고, 그날 우리는 아무 말도 하지 않았습니다. 그만큼 모두가 확신하고 있었기 때문이었지요.

무력하게 혼자 자책하던 중, 팀원 한 명이 작업을 완료했다며 연락을 주었습니다. 예선 탈락 이후인데 말입니다. 저는 이 팀원을 보고 좌절에 빠지기만 해서는 안 되겠다고 생각했고 뭐든 해보기로 결심합니다. 휴일 하루 동안, 우리 팀원들을 어필하는 6분 44초의 영상을 만들어 주최 측에 제출했습니다. 그리고 정성이 가득한 우리 팀에게 기적이 일어나길 바랐어요. 그러나 결과는 바뀌지 않았지요.

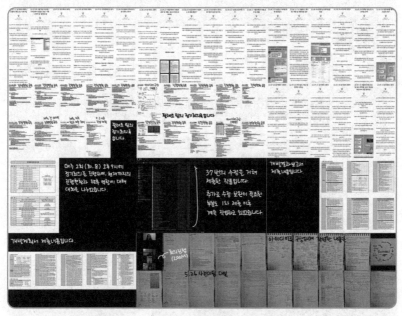

팀 작업 어필 내용

이 모습을 본 팀원들은 하나둘, 장문의 글을 써서 저에게 보내기 시작합니다. 불합격 사실을 알면서도 주최 측에 우리 팀을 알리려는 모습을 존경한다고 했어요. 같은 팀이라는 사실에 자부심을 느낀다고 말했습니다. 열정과 용기에 큰 감동을 받았다고 했죠. 한 명은 다른 팀의 작업물을 비교하지 않으며, 우리 팀의 열정이라면 무엇이든 만들어낼 거라고 말했어요. 저는 팀원들의 마음에 진심으로 감동했습니다.

2022 메타버스 솔루션 챌린지 장려상 수상

우리 팀은 예선 탈락한 지 4일 만에 '2022 메타버스 솔루션 챌린지'에 새롭게 도전하기로 합니다. 작업에 익숙해진 우리는 이전보다 훨씬 빠르게 작업을 진행할 수 있었어요. 결선에 진출하여 멘토링을 받고 추가 디테일 작업까지 모두 완료한 뒤 결선 최종 자료를 제출할 수 있었죠. 그리고 2022년 11월 3일, 우리 팀은 장려상을 받았습니다.

꿈을 향해 도약하던 중, 나의 소명을 찾다

'2022 메타버스 솔루션 챌린지' 결선 발표를 준비하는 과정에서 사업의 본질적인 의미를 깊이 생각했어요. 그리고 저는 사업의 본질을 알아차렸습니다. 사업이란 돈이라는 가치와 누군가가 만들어낸 가치를 교환하는 행위입니다. 사람들에게 도움이 되거나 삶을 편리하게 만들어주는 일이 사업이지요. 그리고 사업의 가치는 남을 위하거나 이롭게 하는 마음에서 창조된다는 것을 깨달았어요.

이어서 저의 가치가 무엇인지 생각했지요. 제가 사람들에게 줄 수 있는 가치가 곧 우리 서비스의 가치라고 생각했습니다. 양치를 하거나 식사하는 중에도 매 순간 이 생각만 했어요. 그리고 저녁에 샤워하는 도중 떠올랐습니다. 저는 사람들에게 '조건 없는 사랑'을 줄 수 있는 사람이었어요.

저는 엄마에게 조건 없는 사랑을 받으며 자랐습니다. 저를 있는 모습

그대로 사랑해주던 엄마는 제가 올바른 사람으로 살고 싶게 했습니다. 선한 일이라면 뭐든 도전할 수 있는 사람으로 만들었어요. 저는 엄마의 무조건적인 사랑 덕분에 선한 방향으로 올바르게 성장할 수 있었습니다.

학창 시절 제가 형편없는 성적표를 받아와도 엄마는 저를 혼내지 않았습니다. 매 순간 한결같이 사랑해줄 뿐이었지요. 엄마가 가난의 무게에 짓눌려 있던 순간에도 엄마는 언제나 제 옆에 있어 주었어요. 저는 그런 엄마를 힘들게 하고 싶지 않다는 마음에 한 단계 성장할 수 있었습니다. 자살을 상상했을 때도 그 끔찍한 생각에서 벗어날 수 있었던 이유는 사랑하는 엄마에게 상처주기 싫었기 때문입니다.

과거 경험에서 눈물 흘리는 날도 많았지만, 그때마다 엄마의 사랑이 저를 올바르고 선한 생각을 선택하도록 이끌어주었습니다. 그렇게 시련을 이겨내고 성장했지요. 저는 무조건적인 사랑의 힘을 직접 경험해봤기에 그 힘이 얼마나 강력한지 체감할 수 있었어요.

이후 우리 팀원들과 팀 작업을 함께 할 때도 그 안에서 저의 리더십은 사랑이었습니다. 저는 엄마가 저에게 해줬던 것처럼 팀원들을 그냥 믿고 격려하고 자신감을 심어주었어요. 거기에 팀 작업을 최우선으로 헌신했습니다. 팀원들은 제가 보여준 사랑만큼이나 저에게 믿음을 가지고, 의지하고, 서로를 좋아하게 되었죠. 팀원들은 모두, 우리 팀이 최고의 팀워크라는 걸 확신했고 그 무엇도 두렵지 않았어요. 그 과정에서 문득 이런

생각이 들었어요. '나는 사람들에게 사랑을 전해주기 위해 태어난 사람이 아닐까?'

사람들에게 '조건 없는 사랑'을 줄 수 있는 사람. 이게 바로 저의 가치라는 생각으로 발전한 것입니다. 조건 없는 사랑은 상대가 뭘 하든지 다 잘될 거라고, 어려운 일이 생겨도 너라면 잘 헤쳐 나갈 수 있을 것이라 믿어주는 겁니다. 즉, 상대의 본연 모습 그대로를 믿어주고 아껴주며 지지해 주는 것이지요.

처음에는 돈을 많이 벌어야겠다는 이기심으로 사업이라는 목표를 잡았지만 많은 생각을 통해 깨달았어요. 누군가를 향한 사랑, 즉 이타심이야말로 세상이 이로워지는 비결이라는 것을요. 저는 다른 이들에게 제 가치를 제공함으로써 그들의 인생이 더 나아지도록 도움을 주고 싶습니다. 사람들이 올바른 방향으로 성장할 수 있도록 돕는 게 저의 소명이라고 생각합니다.

제가 앞으로 만들어 나갈 사업의 비전을 정했습니다. "사람들이 꿈과 목표를 찾고, 선한 방향으로 성장할 수 있도록 돕는다."

제6장

이제는
빛날 수밖에 없는 우리

1

오해하면 안 되는 단 한 가지

지금까지 내용 중에서 오해하면 안 되는 한 가지가 있습니다. '내 삶에 1순위는 나 자신'이라는 저의 결단은, '나밖에 모르는 이기적인 사람이 되어야 한다.'라는 의미가 아닙니다. '나를 우선으로 두는 것처럼 다른 이를 존중해야 한다.'라는 의미입니다. 내 인생이 중요한 만큼 타인의 인생도 중요합니다. 내 삶 속에서는 내가 우선인 것처럼 다른 사람의 인생에서는 그들이 우선이에요.

여기서 '황금률'이라는 원칙이 적용됩니다. 황금률이란 '내가 대접받고 싶은 대로 남을 대접해야 한다.'라는 뜻인데요. 조금만 생각해보면 이 원칙을 활용해야 하는 이유를 금방 이해할 수 있을 것입니다. 사실은 우리 삶에 이미 적용되고 있는 원칙이거든요. 누군가에게 비난을 받으면 그들에게 똑같이 보복하고 싶어집니다. 반대로 선물을 받으면 그 이상으로 돌려줘야겠다는 마음이 생기지요. 마찬가지로 우리가 다른 이를 존중해준다면 그들도 우리를 존중해주고 싶어지게 됩니다. 즉, 내 삶의 1순위가 나 자신으로 대접받기 위해서는 타인의 삶의 1순위도 그들로 대접해주어야 한다는 뜻입니다. 저는 이 개념에 대해 다음과 같이 설명할 수 있습니다. '황금률은 내 삶의 진리다.'라고요.

회사에서의 황금률

일과 학업을 병행하던 시기에는 오후 5시부터 6시까지 학기 중 매일 1시간이라는 시간을 옆자리 직원에게 양해를 구해야 했습니다. 한 학기 15주, 총 75시간 동안 자리를 비웠어요. 하루 근무 시간은 8시간이니 동료 직원에게 저는 최소 한 학기마다 2주 휴가를 내는 셈이었지요.

저는 저 자신을 우선으로 생각했기에 회사 근무 시간을 변경하고 대학교에 다닐 수 있었습니다. 즉, 저는 회사와 학교를 병행하느라 직원들에게 피해를 주었지요. 그런데 우리 팀 직원들은 저에게 든든한 지원군이 되어주었습니다. 그들은 저에게 이렇게 말했어요. "지연아, 힘들지? 힘들 땐 언니한테 말해. 도와줄게.", "여기 서류, 다 처리했어."

저는 회사에서 '2019 영업왕'을 수상했습니다. 그리고 다른 이들에게 지지도 받았지요. 저는 인복이 넘치는 사람입니다. 배려 깊은 직원들의 축복 속에서 지냈으니까요. 그런데 그 이유가 과연 외부적인 요인뿐이었을까요?

대학교 입학 전, 저는 전임자보다 더 많은 업무를 받았다는 걸 알았지만 그냥 했습니다. 제가 학교에 다닌다는 이유로 업무를 줄이려 한다면 저 대신 누군가의 업무는 늘어날 테니까요. 저는 과거에 업무량 증가로 힘들었던 경험이 있습니다. 그래서 저도 싫어하던 상황을 남에게 전가하고 싶지 않았습니다.

또한, 제가 자리를 비울 때 동료 직원이 대신 고객을 응대하는 게 어쩌면 당연한 일이라 생각할 수도 있습니다. 그가 저의 서류상 업무대행자였으니까요. 하지만 저는 업무대행을 '당연한 일'이 아니라, '감사한 일'이라고 생각했습니다. 그래서 저는 그가 도움을 요청할 때엔, 다른 일보다 그를 먼저 도와주었습니다.

제 피곤이 먼저라며 쉬고 온다면 제 업무는 누구에게로 갈까요? 제가 일이 너무 많다고 툴툴거리면서 제 몫도 안 하고 나 몰라라 퇴근한다면 그 민원을 누가 받게 될까요?

제가 이기적인 태도를 보였다면 다른 직원들은 저를 존중해줄 이유가 없겠지요. 다른 사람들을 전혀 위하지 않는 이기심으로 행동했다면, 결국 어떤 형태로든 저에게 다시 돌아왔을 겁니다.

대학교에서의 황금률

강의실에는 스무 살 동급생들과 직장인 학생들이 뒤섞여 있었어요. 직장인 학생 중 몇몇은 수업 전 외식을 하느라 지각하기도 하고 맨 뒷자리에 앉아 강의 시간에 노트북으로 자동차경주 게임을 했어요. 실제로 시험 직전 저에게 당당히 커닝을 요구하던 개념 없는 학생도 있었습니다. 만약 저도 베짱이 마음가짐으로 대학교에 다녔다면, 대학교 4년은 저에게 의미 없는 시간으로 남았을 것입니다.

저는 대학교에 입학하면서 완벽한 개인 생활을 얻었습니다. 덕분에 공부 열정이 다시 불타올랐죠. 일과 학업의 병행으로 지치고 힘들 때도 있었지만 바쁜 시기일수록 더 많이 배울 수 있다고 생각했습니다.

시험 기간 전에는 친구들과 서로 모르는 내용을 알려주며 늦은 시간까지도 즐겁게 공부했어요. 제가 공들여 정리한 필기 내용을 동급생들에게 나눠주기도 했습니다. 학교 조별 과제에서는 '직장인이니까'라고 핑계 대며 쉬운 역할을 받지 않았어요. 오히려 저는 뭐든 다 잘할 자신이 있었기에 팀원들이 꺼리는 역할을 나서서 맡았습니다. 아무리 바빠도 과제를 제출하기로 한 약속 기한을 어기지 않았지요.

생각해 보면 저는 대학교에서 인복이 많았습니다. 학교 구내식당에서 혼자 밥을 먹기로 했지만, 저에게 다가와준 친구들이 있었습니다. 그 친구들과 함께 어울리고 공부하면서 학교생활을 재미있게 보냈지요. 게다가 대학교에 흔하다는 '조별 과제 진상'을 만나본 적이 없었습니다. 거기에 매 학기 성적장학금을 받았어요. 왜 그럴까 곰곰이 생각해봤습니다.

저는 대학교에 다니는 동안 배움의 즐거움을 만끽했습니다. 그 즐거운 열정이 우러나와 다른 이들에게 전염된 게 아닐까요? 그리고 사람들에게 선한 영향을 준 저의 행동이 황금률에 따라 행운으로 돌아왔을지도 모릅니다. 그것 말곤 일과 학업을 병행하면서 두 군데 모두에서 성취를 낸 상황을 설명하기란 어렵습니다. 그래서 그냥 그렇게 믿기로 했지요.

이기적인 사람이 되고 싶지 않은 너에게

최근까지 저 자신이 이기심 가득한 사람이라고 생각했습니다. 인생의 우선순위를 저 자신으로 두자고 결단한 이후로는 제가 원하는 대로 지냈으니까요. 그런데 저는 회사와 학교 두 곳에서 동시에 성과를 냈고 휴직 기간 동안에는 새로운 공부를 하며 스카웃 제의를 받았습니다.

당시에는 성과를 내면서도 그 이유를 잘 몰랐어요. 그저 '내가 잘해서 그런가 보다.'라고 생각했지요. 그런데 글을 쓰고 제 과거를 회상하면서 알았습니다. '내 열정이 나뿐만 아니라 타인에게도 선한 영향을 미쳤기에 나에게 행운이 찾아온 거였구나.'

이어서 생각했어요. '이타심은 사람들과 함께 어울리며 살아가기 위한 인생의 지혜가 아닐까?' 저는 황금률이 인생의 진리라면, 이타심은 인생의 지혜라는 생각이 들었습니다.

인생의 진리인 황금률은, 내가 상대에게 주었으니 그에게 돌려받을 것이라는 의미로 이해할 여지가 있습니다. 물론 언젠가 돌려받을 수는 있겠지요. 하지만 돌려받을 것을 기대하고 주는 행위는 우리의 마음을 쉽게 망가뜨립니다. 제가 인정받기를 기대하면서 애쓰다가 몸과 마음이 망가진 것처럼 말이지요.

그에 반해, 인생의 지혜인 이타심은, 남을 위하거나 이롭게 하는 마음입니다. 돌려받을 것을 기대하지 않지요. 그저 타인에게 도움을 주는 것만으로 만족하는 마음입니다.

우리 마음은 상대에게 베풀고 돌려받는 걸 기대하는 것보다 기대하지 않는 게 더 편안합니다. 기대하는 마음이 있으면 기대를 당연히 충족하여야 하고, 당연한 것을 지키지 않는 상대는 이해할 수 없는 사람이 되니까요. 반대로 아무 기대도 안 했는데 상대가 선행으로 돌려준다면 우리는 예상치 못한 선물을 받은 것처럼 행복해질 거예요. 이런 반응이라면 돌려주는 상대도 함께 기분 좋아지겠지요.

저는 황금률에 따라 누군가에게 선행을 베풀면 반드시 돌아오게 되어 있다고 믿습니다. 다만, 그 상대에게 받을지, 다른 형태의 행운으로 찾아올지는 모릅니다. 그래서 저는 제가 대접받고 싶은 대로 사람을 대하기로 했습니다. 그리고 누군가를 도와 준 스스로에게 만족하면서 살아가기로 했어요. 황금률과 이타심, 이게 저에게 유리한 생각이기 때문입니다.

2

JUST DO IT!
JUST NOW!

고졸 어린 여직원으로 회사에 입사한 저는 사람들 눈치를 살피는 게 당연하다고 생각했습니다. 그러니까 원하지 않아도 그들의 기준에 맞춰 움직였지요. 회사니까요. 괴로웠고 그 환경에서 벗어나고 싶었어요. 그래서 몇 개월 후 인사이동을 통해 다른 지역으로 벗어났습니다. 하지만 비슷한 상황이 반복되었고 원인을 찾았습니다. 문제의 원인은 사람이나 환경이 아니었어요. 저 자신이었지요. 여기서 저는 원인을 알았어도 해결 방법은 몰랐습니다. 그래서 마냥 불만족한 상태로 살았죠.

그런데 혹시 아시나요? '선택하지 않는 것 또한 선택'이라는 사실이요. 문제의 원인을 알면서도 그 문제를 방치하는 일은 문제를 몸속에 묵혀서 장을 담그기로 선택한 것입니다. 저는 그 선택에 대한 책임으로 불평, 불만을 하며 불행한 감정을 키웠습니다.

변하지 않는 환경에 상황 탓이나 남 탓을 하며 불평하기보다는 앞으로 내가 어떻게 할지 생각하는 편이 훨씬 건설적입니다. 왜냐하면 우리 스스로가 통제할 수 있는 건 자기 생각밖에 없기 때문입니다.

"JUST DO IT!" 그냥 실행해봅시다!

새로운 도전에 대한 실패를 두려워하는 사람들이 많습니다. 그런데 말이죠. 저는 살면서 성공보다 실패에서 더 많은 깨달음을 얻었습니다. 성공과 실패를 인간관계에 빗대어 설명하고자 합니다.

성공은 저에게 잘해주었던 '좋은 사람'이고, 실패는 상처를 주었던 '나쁜 사람'입니다. '좋은 사람'은 제게 '지지해주는 사람'으로 남아 있습니다. 그들과 함께 있으면 있는 그대로의 제 모습으로 충분하다는 생각이 들지요. 반대로 '나쁜 사람'은 제게 '깨달음을 준 사람'으로 남아 있습니다. 이들은 제가 미처 생각지 못했던 부분을 깨우치게 해주었어요. 제가 조심해야 할 행동이 무엇인지 알려주고 변화에 대해 강력한 동기부여를 주었지요. 물론 상처받은 당시에는 힘들었습니다. 하지만 이후 관점을 달리하니까 복잡한 이해관계 속에서 행복하게 살아가는 방법을 저 스스로 터득하게 해준 감사한 사람들로 느껴지더군요. 즉, 성공은 있는 그대로의 제 모습을 사랑하게 했다면, 실패는 제가 깨달음을 얻고 성장하게 만들었습니다.

저는 고등학교 시절 '공부'를 결단하고 제 인생에서 큰 성과를 얻었습니다. 그래서 교만하고 우쭐한 마음이 생겼지요. 과거 영광에 따른 자만심으로 제가 내린 몇 개의 판단이 옳다고 단정하는 상황이 발생했습니다. 타인을 대하는 태도도, 상황을 바라보는 관점도 건방졌지요. 회사생활 초반에는 다른 이에 대해 험담하고 서로 갈등을 일으키는 선배 직원들을 저급하다고 생각했습니다. 저는 그들을 멀리했고, 그래서 제 마음을 이해해주는 사람이 없었던 게 아닐까 생각합니다.

그런데 시간이 흐르면서 그들의 마음이 이해되기 시작했습니다. 왜 상대를 험담할 정도로 미워하는지, 왜 다른 이들과 갈등이 생기는지 짐작할 수 있었어요. 업무량 증가 등 원치 않은 상황이 수시로 찾아왔고 서로 간의 견해차로 간극이 좁혀지지 않았습니다. 여러 상황을 겪으면서 험담하고 싶어질 정도로 미운 사람이 생겼고 갈등이 터질 정도로 답답한 상황이 발생했습니다. 저는 과거에 단정 짓던 제 생각이 모두 옳지 않을 수도 있다는 사실을 인정했어요. 저도 다른 사람들처럼 사람을 미워하고 싫어할 때도 있는 평범한 사람이었습니다. 제가 평범한 사람이라는 사실을 알아차리고 나니 겸손해질 수 있었지요.

성공으로 향하는 과정에서 실패는 당연합니다. 두려워할 필요 없이 실패를 당당하게 인정하고 받아들인다면 다음 도전은 시작하기 더 쉬워집니다. 잘 안되면 계속 조정하면서 도전하면 되지요. 될 때까지요. 어떤 것을 모르고, 어떤 것을 아는지는 일단 시작해봐야 아는 거니까요.

"JUST NOW!" 지금 당장이요!

'내 삶의 1순위는 나 자신'을 결단하고 지금 당장 바뀌기로 했습니다. 그리고 행복해졌어요. 저는 제 경험을 전함으로써 누군가의 삶에 도움이 되고 싶습니다. 경험을 전할 수 있는 원초적인 방법은 글이라고 생각했어요. 그래서 저는 글을 통해 변화의 힘을 나누고자 작가가 되기로 했습니다. 작가가 되고 싶으니까 지금 당장 글 쓰는 습관을 만들기로 했지요. 매일 아침 글을 쓰고 사람들에게 전했습니다. 잘하고 못하고는 중요하지 않았어요. 모든 위대한 사람들도 첫 시작은 어차피 저와 똑같았을 테니까요.

시간이 없어서 못 한다고 말하는 사람들이 있습니다. 저는 일과 학업을 병행하면서도 투자 공부를 시작했습니다. 회사에 다니면서도 책을 쓰고 있지요. 영감이 떠올랐는데 출근하기 10분 전에 화장을 하는 중이면 녹음기를 켰어요. 출근길에 운전하는데 전하고자 하는 메시지가 생각나도 녹음기를 켰습니다. 집에서 샤워하다가 쓰고 싶은 내용이 생각나면, 물기도 제대로 닦지 않고 나와서 글을 씁니다.

의지만 있다면 어떤 상황에서도 시작할 수 있습니다. 단 10분이라도, 단 5분이라도 시간을 내서요. 지금 당장 시작해보면 예상하는 것보다 그 일이 어렵지 않을 것입니다.

언젠가 기회가 오면 회사를 그만둘 거라 다짐해본 적 있나요? 지금 당장이라도 기회가 온다면 올라갈 준비가 됐는데, 주위에 방해물이 너무 많아 '딱 맞는 때'를 기다리고 있나요? 아무 행동도 안 하고 바라기만 하는 사람을 '망상증 환자'라고 부릅니다. 행동하지 않는 자에게 기회는 찾아오지 않습니다. 만약 기회가 찾아와도 오래가지 못하고 관성의 법칙에 따라 원래 상태로 돌아올 거예요. 저는 어떤 일을 해나갈 만한 그릇이 없는 사람에게 찾아온 기회는 벌이라고 생각합니다. 크게 실패해보라는 벌이요.

저는 이제까지 지금 당장 시작해서 후회하는 사람을 한 번도 본 적 없습니다. 신세 한탄, 상황 탓, 남 탓을 하며 시작을 망설이다가 "그때 할걸.", "왜 안 했을까?"라고 후회하는 사람밖에 못 봤습니다.

자신을 위해 살아갈 너에게

우리는 다양한 사람들과의 이해관계 속에서 살아가고 있습니다. 제가 학창 시절에 겪은 가난과 따돌림, 그리고 사회 초년생 때의 선입견 어린 시선까지. 제가 바랐던 상황은 아무것도 없습니다.

통제할 수 없는 사람들과 상황 속에서 저는 변화하기로 결단했습니다. 생각을 바꾸고, 신념을 바꾸고, 관점과 태도를 바꾸고, 사소한 것에도 감사하기로 했어요. 긍정적인 생각을 유지하고 저를 조종하려는 사람을 단호히 거부했습니다. 저 자신이 바뀌고자 결단을 내리고 변화를 위한 행동을 지속했어요.

　하고 싶은 일을 시작하기에는 '현실'이라는 장벽에 막힌 장애물이 너무나도 많습니다. 하지만 직장 동료, 상사, 친구, 부모님 등 그 어떤 상대도 우리를 멋대로 휘두르게 놔둬서는 안 됩니다. 우리는 상대의 기대에 부응하기 위해 태어난 사람이 아니니까요. 내 상황, 생각, 관점, 태도를 바꿀 수 있는 사람은 나뿐입니다. 나를 바꿀 수 있는 사람은 나밖에 없다는 뜻입니다. 내 인생은 나를 위해 살아야 합니다. 누구도 평생 나를 위해 살아주지 않죠.

　나만의 '시기적절한 때'는 내가 창조하는 것입니다. 때로는 무시당하기도 하고 바보 취급을 받으면서 만들어가는 거예요. 인정받지 못하면 어떤가요? 미움받으면 뭐 어때요? 지금 당장 바뀌기로 결단합시다. 타인의 기대에 맞춰서 살지 않겠다고 결심해보자고요. 아무것도 시작하지 않는 우리에게 '딱 맞는 때'란 없으니까요. 변화하기로 결단하고, 지금 당장 실행하는 나의 용기 있는 친구인 당신을 응원합니다.

　Just Do It! 그냥 실행하자!
　Just Now! 지금 당장!

3

부담 없이
쉽고 재미있게 시작하자

변화하기로 결심했나요? 행복해지기로 다짐했나요? 그렇다면 좋은 습관이 당신을 쉽게 변화하도록 만들어줄 것입니다. 행복해질 수 있다는 사실을 마음에 새기고 반복적으로 행동하다 보면, 나도 모르는 새 원하는 모습이 이루어져 있을 테니까요.

중학교 2학년, 저는 가난과 따돌림을 이겨내기 위해 공부를 결단하면서 자기 계발을 시작했습니다. 자기 계발을 시작한 지 햇수로 14년이네요. 2020년 12월 휴직 시작일부터 지금까지 행복해지고 싶어서 좋은 습관을 만들어왔습니다. 2023년 9월 25일이 딱 1,000일 되는 날이지요.

14년 차 자기 계발러이자, 1,000일차 좋은 습관러가 말합니다. "좋은 습관을 만들려면 부담 없이 쉽고 재미있게 시작합시다."

습관을 형성하기 어려운 이유

저도 처음에는 좋은 습관을 만드는 게 힘겹게 느껴지기도 했어요. 1년의 휴직 기간 내에 많은 것을 성취하고 싶어서 책에 나오는 좋은 습관을 연구하고 저에게 적용하기 시작했습니다. 휴직 초기에는 열정적이었습니다. 매일 10시간 이상 강의를 보고 내용을 정리하는 등 하루 24시간을 집중해도 지치지 않을 정도로 파이팅이 넘쳤죠.

그러나 3개월이 지난 후에는 과도기가 찾아왔습니다. 매일 6시 기상을 목표로 삼았지만 늦잠은 기본에 명상하다가 다시 잠들어버리기 일쑤였지요. 매일 공부하고자 했지만 하기 싫다는 생각에 강의를 보고 있어도 다른 생각만 떠오르고. 결국 하루 종일 공부한 내용이 없었습니다. 그래도 시간이 아까워서 억지로 진행하려다 보니 다음에는 번 아웃이 찾아왔어요. 앉아서 공부를 시작하려고 해도 졸음이 밀려오고 몸이 찌뿌둥하니 놀고 싶은 생각만 들었습니다.

제가 힘든 이유는 압박감과 조급함 때문이었습니다. 1년이라는 시간 내에 많은 일을 해내려는 열정과 여러 역할을 동시에 해내고자 했던 욕심이 제 그릇보다 컸지요. 결국 열정 과다와 과욕으로 인해 육체적 피로, 정신적 탈진까지 찾아왔던 것입니다.

이후, 저는 '끈기프로젝트 동기부여 리더' 활동과 '습관 만들기 상담' 활동을 통해 습관 형성에 고민이 있는 사람들과 마주할 기회가 있었습니다. 그리고 그들의 고민이 과거 제 고민과 동일하다는 걸 알게 됩니다. 바로, 압박감과 조급함입니다.

우리는 어떤 일을 시작할 때, 엄청난 열정과 에너지를 발산합니다. 그 힘은 우리가 무엇이든 해낼 수 있다는 자신감과 기분 좋은 감정으로 함께 찾아오지요. 그런데 시간이 흐르면서 초기 열정은 점차 사그라집니다. 그와 동시에 하던 만큼은 해내야 한다는 강박이 생기지요. 초반에 3시간도 거뜬하던 행동은 점점 부담이 됩니다. 하지만 우리는 할 수 있다면서 무리하게 진행합니다.

점점 많이 해내야 한다는 압박감에 자기감정을 무시하고 강행하다 보니 쉽게 지칩니다. 이 피로가 누적되면 이제 그만하고 싶어지겠지요. 어렵고 재미도 없는 일을 누가 계속할 수 있겠습니까? 이런 일은 우리가 존경하는 수많은 위인들조차 지속하지 못합니다. 그들이 해냈다면 아마 그 일을 쉽거나 재미있게 바꿨을 테지요.

어떤 이들은 습관을 만들기 전부터 이미 엄청난 습관을 지닌 사람들과 자신을 비교하곤 합니다. 이들은 과정보다 빠른 성과에 주목하면서 시간에 쫓기듯 급하게 시작합니다. 특히, 어린 나이에 이미 좋은 습관을 지닌 사람들을 보고 '나는 왜 저 나이에 시작하지 못했을까?'라고 후회하곤 합니다. 그리고 다른 사람들보다 늦었으니까 더 늦기 전에 목표를 달성해야 한다는 조급함이 생기지요.

우리는 어린 나이에 시작하지 않은 것을 후회하지만 과거로 돌아가도 마찬가지일 겁니다. 당시에 누군가 조언해주더라도 좋은 습관의 중요성을 모르는 우리는 그 말을 무시했을 테니까요. 후회하는 사람보다 더 어리석은 사람은 후회'만' 하는 사람입니다. 그들은 이미 늦었다면서 1년을 보내고 나면 이렇게 말할 겁니다. '내가 1년 전에만 시작했더라면…' 평생 시간 탓을 하면서 같은 후회를 반복하겠지요.

늦은 시기란 상대적인 개념입니다. 다른 사람과 비교하면서 발생한 열등감일 뿐이지요. 우리가 깨달은 그 순간이 가장 빠른 시기이며, 시작하는 순간이 가장 빠른 도전입니다.

좋은 습관을 만들어갈 너에게

2020년 12월, 저는 휴직을 시작하면서 저만의 습관을 만들었습니다. 습관에 맞춰 방을 꾸미고 매일 아침에 하루 계획을 세우면서 일과를 시작했지요. 저녁에는 완료한 일을 돌아보고 감사일기를 썼습니다. 도중에 번 아웃이 찾아와서 그만두고 싶기도 했지만 계속해서 이어 나갔어요. 비나 눈, 태풍이 와도 했습니다. 아프거나 여행을 가는 날에도 계속했지요. 왜냐하면 습관은 매일 하는 것이기 때문입니다.

저는 습관을 만들기 위해 '부담 없이, 쉽고, 재미있게' 시작했습니다. 초기에는 불타는 열망으로 시작해도 과한 욕심으로 시작된 행동은 오래 가지 못하기 때문입니다. 매일 해야 한다는 압박을 느끼면 습관을 지속하기 어려워지기 때문이기도 하지요.

습관을 만들어 가는 과정에서 누구든 지칠 수 있습니다. 제가 번 아웃에서 기운을 회복하고 습관을 지속해서 만들어갈 수 있었던 이유는 저만의 대처 방법을 찾은 덕분입니다. 저는 하는 일이 너무 많고 지친다고 느껴질 때마다 혼자 조용히 앉아 빈 종이에 생각을 쏟아내기 시작합니다. 지금 힘들고 불안한 점이 무엇인지, 그럼에도 잘 실행하는 일은 무엇인지 생각하지요. 그리고 제 감정 상태에 맞춰 계획을 조정합니다. 우선순위를 정해서 제가 할 수 있는 만큼만 실행합니다.

글을 쓰면서 힘든 감정의 실체를 마주하면 마음이 평안해지곤 했습니다. 저는 그 이유가 실체를 알고 해결 방법을 찾았을 뿐만 아니라, 제 감정을 있는 그대로 수용했기 때문이라고 생각합니다.

습관을 만들던 중에 지치고 피곤함을 느꼈나요? 축하합니다, 그게 바로 성장의 신호입니다! 서행차선을 달리다가 부의 추월차선에서 과속하려다 보니까 잠시 몸이 긴장한 것뿐이에요. 휴게소를 지나쳐서 고속도로를 달리고 있는데 동승자가 화장실이 급하다고 할 때 긴장하는 것처럼 말입니다.

몸이 뻐근해질 정도로 긴장했다면 잠시 휴게소에 머무르며 스트레칭을 해주면 어떨까요? 차분한 몸과 마음을 다진 후에 다시 추월차선에 올라타는 거죠. 그러다가 지치면 또 잠시 휴게소에 들러서 몸을 풀어주는 겁니다. 그렇게 반복하다 보면 다음엔 추월차선에서 과속하는 게 조금 더 익숙해지지 않을까요? 힘들고 불편한 것을 편하게 만드는 것이 습관이니까요.

저는 "습관을 1,000일까지 만들 거야."라고 결심하고 시작한 것이 아닙니다. 단지 하루하루 최선을 다하다 보니 어느새 1,000일이 된 거지요. 마찬가지로 죽을 때까지 꿈과 목표를 지속한다고 단언하지는 않을 것입니다. 그 단언은 힘든 날의 저에게 엄청난 스트레스로 다가올 것이라 생각하기 때문입니다. 저는 제 꿈과 목표를 향해, 지금 당장 할 수 있는 최선의 일을 매일 해나가고 있습니다.

저는 자신 있게 말할 수 있습니다. '부담 없이, 쉽고, 재미있게' 시작하면 습관을 만들기 더 쉬워진다고 말입니다. 매일 하는 일에 부담이 생기면 지속할 수 없으니까요. 습관을 만들 때 가장 힘들고 어려운 시기는 습관 형성의 초반입니다. 누구나 쉽게 도전해볼 수 있기에 쉽게 포기할 수도 있지요. 100일 정도가 지나면 숫자가 늘어나는 것이 시각적으로 측정이 되니까 자연스럽게 계속하고 싶어집니다. 그래서 그전까지는 약간의 장치가 필요합니다. 바로 '부담 없이, 쉽고, 재미있게' 시작할 수 있는 환경입니다. 습관을 만들고 싶다면 이 장치를 활용해보세요. 분명 나의 특별한 친구인 당신에게도 도움이 될 거예요.

4

나는 내 결단들로 인생을 창조했다

제 인생은 세 가지 결단을 통해서 변화했습니다. 첫 번째는 중학교 2학년 시절 '공부'라는 결단이고, 두 번째는 21살 '내 삶에 1순위는 나 자신'이라는 결단입니다. 그리고 마지막으로는 26살 '믿음'이라는 결단입니다. 결단할 때마다 저는 각성했습니다. 결단하면 할수록 저는 행복해졌어요. 그리고 이 결단들은 이후에도 영향을 주어 제가 당당하게 살아갈 수 있는 자신감의 원천이 되었습니다.

첫 번째 결단. 공부

중학교 2학년, 저를 괴롭히는 아이들을 향한 분노와 강해지고 싶다는 열망으로 공부를 시작했습니다. 일주일 밤샘도 마다하지 않고 악착같이 공부했어요. 그 노력에 대한 첫 결과는 그들보다 20점 낮은 평균 70점 대. 공부를 통해 강해지고 싶었던 저는 어느새 그들과 저를 비교하고 있었지요.

그런데 다시 생각해 보니 저는 몇 년 전부터 꾸준히 공부하던 그들과 시작점이 달랐습니다. 제가 단 3개월 공부했다고 성적 경쟁에서 그들을 이겨내기엔 절대량에 차이가 있었지요. 저는 이번 결과만으로 그동안의 제 노력을 깔아뭉갤 필요는 없다고 생각했습니다. 그래서 그들과 비교하는 대신 '나는 할 수 있다.'라는 가능성을 보기로 했습니다. 저 자신을 응원하기로 선택했어요. 그리고 목표를 '타인과 비교'가 아닌 '나의 성장'으로 재설정했지요.

다음 시험에도, 그다음 시험에도 공부를 지속했습니다. 다음 시험공부는 무작정 외우지 않고 내용을 이해하자는 전략으로 반복해서 읽었어요. 하나씩 이해하면서 공부하다 보니 몰랐던 사실을 알아가는 과정이 재미있었습니다. 그래도 이해되지 않는 내용은 시험 직전에 볼 수 있게 한 페이지로 정리했지요. 그렇게 결과는 평균 80점대, 그 다음에는 90점대. 한 학기가 지날수록 성적이 올랐습니다.

비록 누군가를 향한 분노와 강해지고자 하는 열망으로 시작한 공부였지만, 배움 속에서 즐거움과 성취감을 깨달았습니다. 저는 정말 운이 좋은 사람이에요. 결단으로 실행한 행동이 성과로 돌아온 덕분에 제 생각과 능력을 신뢰할 힘이 생겼거든요.

이후에도 공부를 꾸준히 지속하면서 저에게 맞는 공부 방법을 찾을 수 있었습니다. 그리고 이때 형성된 공부습관은 이후에 회사를 병행하면서도 공부 성과를 낼 수 있게 만들어주었지요.

물론 공부를 결단한 후에는 지루하고 힘들어서 포기하고 싶은 순간도 있었습니다. 그런데 저는 멈추지 않았습니다. 왜냐하면 과거 찌질한 모습으로는 절대 돌아가기 싫었거든요. 그리고 공부를 잘하면 분명 지금보다 행복해질 거라고 믿었습니다.

두 번째 결단. 내 삶에 1순위는 나 자신

저 자신을 중점으로 두고 살기 시작하니까 생각이 달라졌습니다. 주체적인 삶을 살 수 있게 되었어요. 대학교를 회사 '때문에' 다닐 수 없다고 생각했는데, 회사를 병행함에도 '불구하고' 다닐 수 있게 되었죠. 대학교에 입학하겠다고 회사에 공표할 때, 다른 직원들의 시선은 신경 쓰지 않았습니다. 사실은 제 머릿속에서 부정적인 생각을 일부러 지워냈어요.

대학교에 다닌 덕분에 저는 경제와 경영을 배웠고, 사업과 투자의 필요성을 빠른 시기에 인지할 수 있었습니다. 조별 과제를 하면서 생각을 말과 글로 전달하는 능력과 리더십을 키울 수 있었지요.

만약 제가 두 번째 결단을 하지 않았다면 지금도 제 생각과 감정을 억누르면서 회사에 다니고 있을 거예요. 아마 다른 이들의 눈치를 보느라 대학교에 다니지 못했을지도 모릅니다. 그러면 제가 새로운 세상을 경험할 기회도 없었겠죠. 아니면 심장이 다시 뛰지 않아, 지금은 세상에 존재하지 않는 사람이 되었을지도 모르겠습니다.

2020년 12월 16일, 나만을 위한 자유시간을 보내기 위해 휴직을 결정했습니다. 대학교 입학과 마찬가지로 휴직을 공표했지요. 휴직 기간 1년 동안 혼자만의 시간을 가지면서 저의 투자성향을 확실히 알고 투자 방향을 잡았습니다. 새로운 장르 '3D 그래픽'을 배우고 2번의 스카웃 제의를 받으면서, 제가 어디서나 원하는 사람이 되었다는 것을 실감하게 되었습니다.

저는 제 생각과 감정을 우선하는 사람입니다. 하지만 타인을 무시한 채 이기적으로 행동한다는 뜻은 아닙니다. 삶의 1순위를 나 자신으로 둔다는 것은 저뿐만 아니라 타인의 삶의 1순위도 그 자신으로 존중한다는 의미죠. 제 삶이 중요한 만큼 다른 이의 삶도 존중받는 게 마땅하니까요. 그래서 앞으로도 저 자신을 최우선으로 두면서도 다른 사람에게 도움을 줄 수 있는 결정을 내릴 것입니다.

세 번째 결단. 믿음

다음과 같은 질문에 어떻게 대답할 건가요? "지금 행복하신가요?"

저는 이렇게 대답하겠습니다. "네, 저는 행복합니다."

행복이란 주관적인 느낌이지요. 누군가 행복해 보인다고 해서 그가 행복한 것은 아닙니다. 마찬가지로 불행해 보인다고 해서 그가 불행한 것은 아니죠. 제가 고등학교 졸업 전에 공기업에 입사한 것을 보고 주위 사람들은 '부럽다.', '좋겠다.'라고 말했어요. 하지만 저는, 저 자신이 불행하다고 생각했습니다.

실은 저도 모르는 새 불행을 자초한 것입니다. 저에게 '고졸', '어린', '여직원'이라는 선입견을 품은 사람들에게 지나치게 신경 썼지요. 저를 향한 그들의 모든 말과 행동, 표정, 말투까지 세세하게 분석하면서 저를 어떻게 생각하는지 혼자 판단했습니다. 지레짐작하면서 제가 통제 불가한 일에 집중한 것입니다. 통제할 수 없는 것에 집중하느라 정작 가장 소중한 제 감정에 소홀했습니다.

이제는 제가 행복한 사람이라는 것을 믿습니다. 제가 바라는 모든 일이 이루어질 것이라 믿어요. 행복한 가정을 이루고, 사랑하는 사람들과 원하는 시간에 원하는 장소에서 원하는 모든 것을 할 수 있음을 믿습니다. 제 경험을 나누면서 많은 사람과 성장할 수 있다는 것을 믿고 있어요. 실제로 저는 매일 제 경험과 생각을 글로 나눔으로써 이미 많은 사람과 함께 성장하고 있습니다.

꿈과 목표로 향하는 과정에 있는 저는 행복한 사람입니다. 앞으로는 어떤 고난이 다가온다고 해도 저는 행복의 감정을 놓지 않을 것입니다.

제가 부자가 될 거라고 당당하게 얘기하니 누가 그러더군요. "너는 어쩜 그렇게 확신에 차 있어?"

저는 대답했습니다. "제가 부자가 되기로 결단했으니까요. 될 때까지 하면 돼요."

인생을 창조하며 살아갈 너에게

'공부', '내 삶의 1순위는 나 자신', '믿음' 저는 인생에서 세 가지 결단을 통해 변화했습니다. 지금은 생각을 확장할 수 있는 공부를 지속하고 있으며, 인생의 우선순위를 자신으로 두고 주체적인 삶을 살고 있습니다. 저는 행복한 사람입니다. 하지만 제 결단은 여기서 끝나지 않을 겁니다. 지금은 목표를 이루어나가는 과정 중 일부일 뿐이니까요. 저는 지속적인 변화와 성장을 지향하기에 또 다른 결단들을 내리게 될 것입니다. 그리고 새로운 결단들은 기존 세 가지 결단과도 잘 어우러질 것이라 생각합니다.

내 인생은 내가 내린 결단들로 창조해나가는 것입니다. 그 결정 권한을 다른 누구에게도 넘겨주면 안 됩니다. 나를 가장 위해주는 사람은 나 자신뿐이니까요. 내 마음을 가장 잘 아는 사람은 나밖에 없으니까요. 어느 누가 나를 평생 알아주고 위해주겠습니까. 어느 누가 내 인생을 책임질 수 있겠습니까.

아무리 사랑하는 자녀, 배우자, 부모님이라도 나를 제외하고는 모두 타인입니다. 내가 사랑하는 그들의 인생도 결국 그들 것이에요. 내가 타인의 인생을 평생 책임져 줄 수 없는 것처럼 그들도 내 인생을 평생 책임져 줄 수 없습니다. 내 행복은 나 자신에게서 찾아야 합니다.

나의 고귀한 친구인 당신이, 당신만의 결단을 통해 변화하고 성장하길 바랍니다. 그리고 항상 행복하길 진심으로 축복합니다.

5

나에게 유리한 생각을 선택하자

"지금 행복을 느껴라. 지금 기쁨을 느껴라.
당신의 선택에 달렸다. 우리에게는 선택할 자유가 있다."

-『더 시크릿』, 론다 번

우리는 모두 자기 생각을 선택할 수 있습니다. 상품이나 서비스를 구매할 때 우리는 어떤 것이 우리에게 가장 이익이 되는지 비교하고 결정합니다. 그런데 흥미롭게도 '생각'에 대해서는 다른 사람들의 의견에 영향을 받아 선택하고 행동하는 경우가 비일비재하지요.

어떤 선택을 하든 그 행동에 대한 책임은 나 자신에게 있습니다. 사람들은 종종 생각의 중요성을 제대로 인식하지 못합니다. 때로는 말과 행동이 일치하지 않을 때도 있지요. 생각이 감정을 낳고, 감정이 행동을 낳고, 행동이 결과를 낳습니다. 즉, 우리의 생각에 따라 결과가 달라진다는 것을 의미합니다.

첫 번째 생각입니다. 제 주위에는 열에 아홉 이상이 '사람은 안 변해.', '원래 그런 사람이야.'라고 생각하며 살아갑니다. 저는 이 책 속에 제가 변화하면서 깨달은 생각을 모두 담았습니다. 살면서 느껴온 감정부터 가치관, 도움이 되는 신념, 삶을 대하는 태도 등을 글로 녹여냈어요. 그래서 변화의 산 증인인 저는 확신합니다. "사람은 변할 수 있습니다." 그렇기에 여전히 '사람이 변하지 않는다.'라는 믿음을 가진 분들은, 책을 처음부터 다시 읽어보기를 권합니다.

제 친오빠는 '사람이 변하지 않는다.'라는 생각을 선택하고 살아가고 있습니다. 제가 보기에는 어처구니가 없어요. 그는 고등학교를 두 번이나 자퇴하며 부모를 걱정시키던 말썽꾸러기 아들에서, 부모님 노후까지 생각해 주는 의젓한 아들이 되었거든요. 자신이 '사람은 변한다.'는 생각을 뒷받침할 증인인데 변화할 수 없다고 믿고 있는 겁니다. 스스로 변화한 모습을 자각하지 못한 것 같습니다.

당신도 과거와 현재의 모습을 비교해보면 분명 변화된 모습을 발견할 수 있을 겁니다. 그리고 지금처럼 변화된 계기가 있었을 거예요. 말투나 손짓, 표정 등의 작은 변화일 지라도요.

당신은 '사람은 변하지 않는다.'라는 단정과, '사람은 변할 수 있다.'라는 가능성 중에서 어떤 생각을 선택하시겠습니까? 어떤 생각을 선택하는 것이 당신에게 유리할까요?

두 번째 생각입니다. '겸손이 미덕'이라는 옛 격언이 있습니다. 대한민국에 살고 있다면 한 번쯤은 이 격언을 들어봤을 겁니다. 그리고 누군가 나의 능력에 감탄을 할 때, 습관적으로 "아니야~."라는 말이 튀어나온 적이 있을 거예요. 자신이 잘한 점을 온전히 받아들이고 상대에게 감사 인사를 전하면 되는데, 왜 우리는 상대방의 감탄을 부정할까요?

제가 독서 모임에 몇 번 참여하면서 발견한 사람들의 경향이 있습니다. 사람들에게 독서 감상평을 말하라고 하면 대부분 이렇게 말합니다. '반성합니다. 앞으로는 책 내용처럼 해봐야겠습니다.' 책에는 반성할 만한 내용뿐만 아니라 자신이 칭찬받아 마땅한 내용도 분명히 있을 것입니다. 그런데 사람들은 자신의못난 부분에만 집중하는 경향이 있었죠. 저는 이러한 태도를 보면서 '겸손이 미덕'이라는 생각이 사람들을 지나치게 낮추는 원인이 아닐까 생각했어요.

잘한 것을 부정하며 숨기고 못한 것을 강조하는 생각은 자신에게 손해입니다. 잘하는 것에 집중하고 상대방의 진심어린 감탄에 감사하면 기분이 좋아집니다. 기분이 좋아지면 더 하고 싶은 욕구가 생깁니다. 그리고 반복적으로 실행하다 보면 실력이 향상되지요.

당신은 '반성합니다.'라는 부정적인 평가와, '나는 잘하고 있습니다.'라는 긍정적인 평가 중에서 어떤 생각을 선택하시겠습니까? 어떤 생각을 선택하는 것이 당신에게 유리할까요?

세 번째 생각입니다. 한번은 클라이밍을 하다가 목과 어깨 사이의 근육이 뭉친 적이 있습니다. 정형외과에 가서 X-ray를 촬영한 후 진료실에 들어갔죠. 진료실에 들어가자마자 의사는 저에게 더 심각한 원인이 있다며 겁을 주었어요. 그리고 목뼈 상태에 대한 소견을 전해주었습니다. "지연 씨 목뼈 사진을 보니까 일자목이에요. 이 정도면 오래전부터 굳어진 것 같고, 거기에 5번 6번 뼈가 왜 이렇게 꺾였죠? 다른 사람들보다 통증이 더 잦았겠는데요?" 그 말을 들은 저는 의사에게 되물었습니다. "그래도 관리만 잘하면 이상 없는 거죠?" 의사는 그렇다고 대답하고 관리 방법을 설명해 주었습니다.

저는 부정적인 의견을 받아들이지 않았습니다. 그에 집중하면 기분만 더 나빠질 뿐이기 때문입니다. 저는 관리를 잘하자는 생각을 선택했고 이 선택으로 인해 기분 좋은 감정을 유지할 수 있었습니다.

당신은 '건강이 안 좋네요.'라는 부정적인 의견과, '관리만 잘하면 건강하다.'라는 긍정적인 생각 중에서 어떤 생각을 선택하시겠습니까? 어떤 생각을 선택하는 것이 당신에게 유리할까요?

우리는 변화할 수 있으며 도전과 실행을 통해 성공할 수 있는 사람입니다. 타고남보다 노력이 더 멋지다는 생각을 선택하세요! 그러면 우리는 원하는 것은 무엇이든 노력해서 얻어낼 수 있는 사람이 됩니다. 누군가를 이해할 수 없을 때는 '그럴 수도 있지.'라는 생각을 선택해봅시다. 다른 사람의 생각이 틀린 게 아니라 다른 것뿐임을 인정할 수 있게 됩니다. 원하지 않는 상황에서 일을 더 해야 할 때는 '어쩔 수 없지. 그냥 해보자.'라는 생각을 선택하는 겁니다. 어차피 해야 할 일, 쓸데없는 감정 낭비를 줄여줄 테니까요. 여기에 '내가 잘해서 그런가 보지 뭐.'라는 생각을 첨가하면 한 번 더 웃을 수 있을 거예요. 이랬다가 저랬다가 다른 생각도 선택해봅시다. 그 결과가 성공이면 기분 좋고 실패면 수습하면 되니까요. 가끔 누구나 실수할 수 있는 거잖아요? 그러면서 다음에는 더 나은 선택을 할 수 있게 될 것입니다.

저는 생각을 정리하고 글을 쓰면서 깨달았습니다. '각성을 통한 나의 결단도, 성과를 만들어낸 경험도 모두, 내가 유리한 생각을 선택했던 덕분에 찾아온 결과구나.' 자신에게 유리한 생각을 선택하세요. 지금 이 책을 쓰고 있는 작가 이지연 또한, 유리한 생각을 선택했기 때문에 작가가 될 수 있었습니다.

'유리한 생각을 선택하라.'라는 말을 자기합리화와 연관 지어 생각할 수 있을 거예요. 자기합리화는 자기 입장을 정당화하기 위해 그럴듯한 이유를 들어내는 것을 의미합니다. 저는 합리화의 목적에 따라 유리한 선택이 될 수도, 반대로 불리한 선택이 될 수도 있다고 생각합니다. 목표 달성을 예로 들겠습니다.

가슴에 손을 얹고도 최선을 다했다고 자부하지만, 결과가 목표에 미치지 못할 때가 있습니다. 그때 합리화를 통해 자신을 격려하고 다음번에 더 나은 성과를 얻을 수 있도록 용기를 줄 수 있습니다. 자신을 격려하고 용기를 주려는 목적이지요. 이게 제가 말하고자 하는 '유리한 선택'입니다.

반면에 목표를 향해 가는 과정에서부터 합리화를 한다면, 목표를 낮추고 현실에 타협하려 할 가능성이 큽니다. 이는 도전을 회피하고 몸과 마음이 편해지려는 목적이지요. 결론적으로 '불리한 선택'입니다. 더 나아지려는 생각이 아니라 현 상태를 유지하고자 선택한 생각일 테니까요.

이 책의 모든 생각을 수용할 필요 없습니다. 그냥 책의 내용 중에서 마음에 드는 생각을 선택하면 됩니다. 필요하다면 이 책을 다시 들춰보며 자신에게 유리한 생각을 선택할 수도 있을 것입니다.

변화하고 싶어지면 '사람은 변할 수 있다.'라는 사실을 믿고 목표를 위한 습관을 만들어보세요. 그냥 하면 됩니다. 당장 시작하면 됩니다. 시도해보고, 느껴보고, 나랑 잘 맞는지 안 맞는지 판단해보고 잘 맞으면 계속 가져가면 돼요. 다르게 바꾸면 좋겠다는 생각이 들면 바꿔보고, 그게 잘 맞으면 당신 것을 하면 됩니다. 금방 열정이 사그라져도 괜찮습니다. 다시 시작하면 되지요. 대신, 나 자신에게 유리한 생각을 선택하기를 바랍니다.

우리는 모두 자기 생각을 선택할 수 있는 통제권을 가지고 있습니다. 우리가 완벽히 통제할 수 있는 것은 바로 나 자신의 생각뿐이니까요. 나의 존경하는 친구인 당신 또한, 자기 생각을 선택하여 진정으로 원하는 삶을 살아가길 바랍니다.

누가 뭐라고 판단하든
나는 나일뿐

모순덩어리 같은 나의 정체성

사람의 정체성은 매 순간 바뀝니다. 집에서는 부모나 자녀지만, 버스에서는 승객이 되고, 빵집에 가면 고객이 되고, 회사에 출근하면 직원이됩니다. 그리고 우리는 각각의 상황과 역할에 맞춰 행동하지요.

같은 맥락에서 저 또한 상황과 역할에 맞춰 다양한 모습을 보입니다. 집에서는 사랑을 표현하는 귀염둥이 딸이고, 글을 쓸 땐 진지하고 차분한 작가가 됩니다. 출근하면 의젓하고 냉철한 직원이 되고, 친구들을 만나면 밝고 웃음 많은 사람이 됩니다. 이는 우리 모두가 겪어본 흔한 경험일 것입니다. 우리는 어느 장소에 있느냐, 누구와 함께 있느냐에 따라 정체성이 변화합니다.

그런데 저는 동일한 상대에게도 변화무쌍한 모습을 보이더군요. 부모님에게는 사랑스럽고 의젓한 딸인 동시에 까칠한 딸이고요. 친오빠에게는 귀여운 동생이자 냉철한 조력자입니다. 그리고 연하 남자친구에게는 인생 선배이자 친구, 때로는 여동생 같은 존재입니다. 저는 이들에게 아낌없이 사랑 표현을 하다가도, 어떨 땐 단호하게 거절합니다.

어느 날, 같은 상대에게조차 다양한 모습을 보이는 저 자신이 모순덩어리 같이 느껴지기도 했어요. 그리고 이런 생각이 들었습니다. '사랑하는 마음만 한결같으면 되지, 겉모습까지 한결같을 필요는 없잖아?'

저에게는 다양한 정체성이 있습니다. 같은 상대에게 다채로운 모습을 보이기도 하고, 상황과 역할이 같아도 상반되는 모습을 보여주기도 하지요.

저는 친구들과 있을 때, 항상 해맑게 어울리지는 않습니다. 뒤에서 조용하고 차분하게 지켜볼 때도 있지요. 그러면 친구들이 기억하는 저의 과거 발랄한 모습과 현재 차분한 모습은 대조될 겁니다. 친구가 묻습니다. "오늘 무슨 일 있어? 이상하네? 원래 안 그랬잖아."

저는 입사 10년 차 직장인이자, 회사에서는 업무관련 상을 받았습니다. 그런데 한 번 업무적으로 실수를 저질렀지요. 경력 10년에 인정받은 제가 실수를 하면 직장 동료나 상사는 이렇게 물어볼 거예요. "오늘 무슨 일 있어? 이상하네? 원래 안 그랬잖아."

꼭 무슨 이유가 있어서 그런 건 아닙니다. 그저 발랄하다가도 오늘은 조용하게 있고 싶었던 것뿐이고, 평소에 꼼꼼하다가도 오늘은 덤벙대는 모습이 나왔을 뿐입니다. 그냥 저는 이런 사람이니까요.

우리를 멋대로 평가하는 선입견

우리는 선입견으로 가득한 세상에서 살아가고 있습니다. 저처럼 '고졸 어린 여직원'에 편견을 지닌 직장 동료와 상사에게 고의적인 모욕이나 생각 없는 망언을 들으면서 살아갈 수도 있어요. 학생이라면 '인서울'과 '지잡대'로 친구들끼리 보이지 않는 등급을 나누고 있을지도 모르지요. 자기보다 수준 낮은 친구에게는 자신의 우월성을 힘껏 언행으로 표출하고, 반대로 수준 높은 친구에게는 열등감에 사로잡혀 무의식적으로 움츠러들기도 합니다. 직장인이라면 회사의 규모에 따라 등급을 나누고는, 자신의 훌륭함을 뽐내거나 자괴감을 느낄 수도 있습니다. 연인 관계 또는 부부 관계에서 남자와 여자의 역할을 강조하며 한쪽으로 기울어 생각하는 것 또한, 선입견의 한 예입니다.

선입견으로 이루어진 말은 누구나 들어봤을 것입니다. '남자가 말이야…', '여자라면…', '나이가 많아서…', '나이가 어려서…', '고졸이니까…', '대졸이라면…' 대체 어느 장단에 춤을 춰야 하나요? 누구 말에 맞춰줘야 합니까?

이에 대한 저의 결론은, '타인의 장단에 맞춰줄 필요가 없다'는 겁니다.

우리 모두에게는 다양한 정체성이 존재합니다. 상황과 역할에 따라 우리의 모습은 변할 수 있지요. 그러나 우리는 종종 누군가에게 단편적인 모습으로 평가받곤 합니다. 다시 말해, 타인의 주관적인 판단으로 내 정체성이 멋대로 단정 지어진다는 의미입니다. 여기서 생각해볼 문제가 있습니다.

사람들의 기대와 다르게 행동하면 내가 크게 잘못하는 걸까요? 누군가 내 모습을 단정 지어 말할 권한이 있나요? 그 권한은 누가 준 건가요? 왜 내가 정한 적도 없는 타인의 장단에 맞춰줘야 하나요?

나 자신도 내 모습이 몇 개인지 모르는데, 다른 사람들이 나를 어떻게 판단할 수 있겠습니까. 내가 만약 누군가 멋대로 짜놓은 기준에 맞추겠다면, 나는 무례한 그들에게 공손히 큰절을 올리고 그의 노예로 살아가겠다는 의미입니다. 기억하세요. 나 이외에는 그 누구도 나를 멋대로 평가할 권한이 없습니다.

"내 딸은 너처럼 키우지 말아야겠다.", "너는 어리고, 고졸에, 여직원이라서 네가 가고 싶다고 해도 너를 원하는 곳은 아무 데도 없어." 이는 제가 10년 간 들었던 말 중에서 가장 상처 되는 말입니다.

저는 모든 사람에게 인정받는 직원이 되고 싶었습니다. 심지어는 저에게 진실을 가장한 막말을 하는 사람들에게조차 인정받고 싶었죠. 그래서 이 말들을 제 성장의 양분으로 삼고 살아가게 됩니다. 하지만 이 말들은 제 성장에 아무런 도움이 되지 않고, 오히려 몸과 마음을 병들게 했습니다. 저는 심장이 잠시 멈추고 난 후에야 비로소 이 사실을 수용했어요.

이 책은 선입견을 없애자고 주장하는 것이 아닙니다. 사람들과 함께 어울려서 살아가고 있는 세상에서 선입견은 어쩔 수 없이 발생하는 현상이니까요. 실제로 저 또한 '나는 선입견이 없는 사람이다.'라고 단언할 수 없습니다. 과거 누군가에게 상처 주었던 제 말이 선입견 때문이었을지도 모르니까요.

그렇다고 선입견을 당연한 것으로 받아들이라는 의미도 아닙니다. 저는 그저 이런 세상에서 상처받고 살아가는 분들에게 이 책을 통해 알려주고 싶었어요. 제가 과거의 상처를 극복하고 단단해진 모습으로 '행복하다.'라고 말할 수 있었던 이유와 그 과정을 나눠주고 싶었습니다.

사람들에게 휘둘리지 않고 살아갈 너에게

복잡한 이해관계 속에서 행복하게 살기 위한 저의 해답은, '내가 중점이 되는 삶'입니다. 제 생각과 감정을 최우선순위로 놓으면서도 타인의 삶을 존중하는 것이죠.

누군가에게 공감받지 못하면 뭐 어떤가요? 저를 이해해 주지 않으면 어때요? 제가 이타심을 가지고 그들의 삶을 먼저 존중해주면 되지요. 그들에게 도움을 주고 내가 가치 있는 존재라는 걸 느낀다면 두려울 게 없습니다. 나만을 위한 일이 아니라 우리 모두를 위한 일을 하는 것이니까요.

저는 역경을 딛고 일어나면서 더 행복해졌습니다. 그리고 이제는 당당한 회사생활을 넘어 꿈과 목표를 향해 나아가고 있습니다. 제 미래에도 고난과 역경이 찾아올 수 있겠죠. 하지만, 지금까지 통제 불가한 상황들을 극복하고 성장해온 것처럼 앞으로도 저와 사랑하는 사람들을 위해 끈질기게 행동할 것입니다. 뛰다가 넘어져서 타박상이나 골절상을 입을 수도 있어요. 잠시 쉬고 싶을 때도 있겠죠. 그래도 꿈과 목표는 포기하지 않겠습니다. 두려워도 마음을 다스리고 계속 나아가다 보면 어느새 제가 원하는 사람이 되어 있을 것이라 믿으니까요.

물론 이 책에서 주장하는 생각이 모두 옳다고 말할 수 없습니다. 그러나 그렇게 생각하고 말하고 행동해온 결과로써 지금의 제가 있지요. 제 생각이 맞을 수도 있고 당신의 생각이 맞을 수도 있습니다. 세상에 누구의 생각이 옳고 그른지 정답은 없으니까요. 그러나 지금의 삶에서 불행을 느끼고 있다면, 그것은 당신의 생각을 바꿔야 할 신호입니다.

현재 제가 가진 생각이 나중에 변화할 수 있다는 것을 인정합니다. 더 멋지고 구체적인 모습으로 발전할 거예요. 저는 사람들의 성장을 돕는 일을 하면서 세상을 이롭게 할 거니까요. 이러한 접근 방식으로 생각한다면 올바르고 선한 답을 찾을 수밖에 없다는 걸 알고 있습니다. 그리고 이 과정에서 저는 더욱 성장할 수밖에 없습니다.

인생에 정답은 없습니다. 해답만이 존재할 뿐이지요. 일단 해보고 아니면 바꾸면 돼요. 실수해도 괜찮고 틀려도 괜찮습니다. 같은 실수를 반복하지 않으려고 하지만 마음처럼 되지 않을 때도 있을 거예요. 모두 괜찮습니다. 내가 주도적으로 판단하여 행동하고 그에 대한 책임을 지겠다는 결심이 중요합니다. 그러니까 하고 싶은 대로 하세요. 남들 눈치 보지 말고 당당하게 살아가세요.

이 책을 통해 당신이 꼭 가져가길 바라는 메시지가 있습니다. 메시지를 세 가지로 정리합니다.

1. 사람은 누구나 자기만의 편견을 지녔어요

과거에는 저에게 상처 주는 이들의 행동을 이해할 수 없었습니다. 하지만 시간이 지나면서 과거 상황을 다른 관점으로 재평가할 수 있었어요. 저는 그동안 다른 이들의 입장에서 생각해 본 적이 없었습니다. 제 고통을 남 탓, 상황 탓을 하며 그들에게 화살을 돌리고 있었죠. 저를 이해해주지 못하는 그들이 나쁘다고 생각했습니다.

그리고 언젠가 그런 생각이 들었어요. '잠깐, 근데 나도 나만의 주관적인 관점으로 다른 사람들을 판단하지 않나?' 그들은 그들만의 기준으로 저를 평가하듯이, 저도 저만의 잣대로 상대를 판단하고 있었다는 것을 깨달았습니다. 우리는 누구나 서로가 서로를 판단하고 있었죠.

사실은 저도, 그들도 자기만의 기준이 있습니다. 우리는 그 기준에 따라 행동했던 것뿐이죠. 그래서 누가 나쁘고 누가 못됐고, 잘잘못을 따질 수 없었어요. 제가 그들을 나쁜 사람으로 몰아가면, 결국 저도 그들에게는 못된 사람일 테니까요. 우리는 모두 자기 입장에서 생각하는 '편견'을 지닌 사람이었던 것뿐입니다. 서로의 입장에서 생각하지 못했던 불완전한 인간인 것이죠. 어느 한쪽이 잘난 것도, 못난 것도 아니었습니다. 우리 모두는 부족한 사람이기에 서로에게 실수할 때도 있는 거였지요.

2015년 드라마 〈응답하라 1988〉에서 성동일이 둘째의 울분을 토하는 딸 덕선에게 이런 말을 합니다. "아빠 엄마가 미안하다. 잘 몰라서 그랬어. 아빠도 태어날 때부터 아빠가 아니잖아. 아빠도 아빠가 처음이라 그래. 그러니까 우리 딸이 조금 봐줘." 저는 이 장면을 보면서 눈물이 주룩 흘렀습니다. 저는 부모님이 몰라서 실수할 수 있다고 생각해본 적이 없었습니다. 저도 부모님을 '자식의 마음을 다 알아줘야 하는 존재'로 바라보고 있었기 때문입니다.

부모님은 두 분 다 둘째입니다. 덕선처럼 둘째의 서러움을 겪으며 성장했죠. 두 분 다 부모 말을 어긴 적 없는 착실한 자녀였어요. 형제자매 사이에서도 무던하게 지내온 사람이었습니다. 제가 무슨 이유로 짜증을 내도, 어리광을 부려도 엄마, 아빠는 저를 사랑으로 이해해 주셨습니다. 이런 생각이 들었어요. '우리 엄마 아빠는 성장기에 부모와 형제자매들을 맞춰주다가, 이제는 자식들한테 맞춰주는구나. 우리 엄마 아빠는 평생 남들 비위만 맞춰주네.' 그러자 부모님께 감사하면서도 측은한 마음이 들었습니다.

생각해 보면, 제가 다른 이들에게 자기주장을 못했던 원인을 부모님께 돌렸던 것 같아요. 엄마는 말을 조리 있게 못 하는 사람이고, 아빠는 아무리 화나도 말을 안 하는 사람이라고 생각했으니까요. 저는 부모가 '나보다 나이 많은 어른'이라는 이유로 완벽해야 한다는 편견을 지니고 있었어요. 제가 완벽하지 못한 것처럼 엄마, 아빠도 불완전한 존재라는 사실을 몰랐던 거죠. 이제부터 우리 엄마 아빠 입장에서 생각해보기로 했습니다. 그러자 이전에는 보이지 않던 것들이 느껴지기 시작했어요.

엄마가 조리 있게 말하지 못하는 이유가 '타인에게 맞춰주며 사느라 자기주장을 할 기회가 부족했겠구나.'라는 생각이, 아빠가 말을 안 하는 이유가 '말로 화를 표현했을 때, 더 큰 화가 찾아온 경험이 있었나 보구나.'라는 생각이 들었습니다. 제가 엄마 아빠와 같은 환경에서 자랐다면, 저였어도 자연스럽게 그런 모습이 형성됐을 거라는 깨달음이었죠. '어른'이라는 칭호도 부담스럽겠다는 생각이 들었어요. 세월이 흐르면 그 나이에 걸맞는 사람이 되길 바라는 세상의 기대가 있을 테니까요. 기대에 대한 두려움도 있을 것입니다.

그리고 내린 종합적인 결론입니다. "나보다 나이 많은 어른이라고 해서 나보다 완벽한 것은 아니다. 그들도 실수할 때가 있고 부족한 면이 있는 사람일 뿐이다. 어른이니까 반드시 성숙해야 하는 게 아니라 아이처럼 미숙한 면도 있다. 그냥 나와 같은 불완전한 존재고 나보다 먼저 태어났을 뿐이다." 이제 저는 저보다 나이 많은 어른을 저와 같은 불완전한 사람으로 바라보고 대하기 시작했습니다.

2. 다른 사람의 기대에 맞춰줄 필요 없어요

인정받고 싶고, 칭찬받고 싶고, 사랑받고 싶고, 누구와도 잘 어울리고 싶고, 미움받고 싶지 않고, 버림받고 싶지 않고. 『미움받을 용기』에서는 이것을 '인정욕구'라고 설명합니다. 인정욕구는 자신이 중요한 사람이 되고 싶은 욕망에서 시작되지요. 저는 고등학생 시절, 사람들이 부러워할 법한 성과를 세 개 달성했습니다. 매 학기 성적우수, 3년 내 자격증 24개 취득, 공기업 취직. 학교를 날아다닌다는 느낌이었어요. 마치 제가 세상의 중심이 된 것 같았습니다.

그런데 막상 회사생활을 시작하니, 저 자신이 보잘것없는 사람 같았습니다. 단순 반복적인 업무가 부여되었고, 일상은 쳇바퀴처럼 반복되었어요. 업무가 늘어나도, 아무도 저에게 관심을 가지지 않았습니다. 사람들은 저를 있는 그대로 봐주지 않고, '고졸 어린 여직원'이라는 색안경을 통해 바라봤지요. 그들에게 인정받고 싶었어요. 데일 카네기의 『인간관계론』에서는 이것을 '인정받고 싶은 갈망'이라고 표현합니다. 이 갈망은 누그러지지 않는 마음속의 굶주림입니다. 저는 인정받고자 하는 갈망을 채울 방법으로 다른 사람들의 기대에 맞추며 살기 시작했지요. 그래서 감정적으로 힘들었던 것입니다. 저 자신이 원하는 것은 모른 채로 타인이 바라는 것에만 집중하고 있었으니까요.

우리는 인정받고 싶지만, 모든 사람이 우리를 좋아하지는 않아요. 좋은 뜻으로 한 말을 오해할 수도 있죠. 멋대로 지레짐작하고 우리의 행동거지를 비난하려 들 수도 있어요. 사람들은 각자가 의미를 부여한 주관적인 세계에 살고 있습니다. 그들과 함께 공존하는 세상에서 우리를 향한 그들의 잣대를 피할 수 있을까요? 사람은 모두 자기만의 기준으로 다른 이들을 멋대로 판단하며 살아갑니다. 그리고 과거 경험에서 비롯된 어떤 이에 대한 느낌을, 비슷한 특징이 있는 우리에게 대입하여 바라보기도 합니다. 그것은 어떤 대상을 향한 고정관념이나 관점, 선입견입니다. 그리고 우리를 향한 그들의 편견은 우리가 통제할 수 없습니다.

모두에게 인정받지 않아도 괜찮습니다. 때론 미움받을 수도 있죠. 우리의 선한 행동을 모든 이가 만족하면 좋겠지만, 원하는 대로 안 될 수도 있어요. 그럴 수도 있고, 아닐 수도 있어요. 누군가의 생각이 우리와 비슷할 수도 있고, 다를 수도 있어요. 그들은 나와 다른 사람이니까요. 서로 생각이 다르니까요. 사람은 누구나 자기만의 편견을 지녔으니까요. 그래서 나는 내가 사랑해주면 됩니다. 칭찬해주고, 인정해주면 됩니다. 미워하지 않고, 소중히 다뤄주면 됩니다. 나 자신은 내가 가장 잘 알지, 누가 가장 잘 알아주겠습니까. 자신을 다른 이의 기준에 맞추는 행동은 자신을 버리는 행위입니다. 타인의 생각, 감정, 가치관은 제가 통제할 수가 없기에 이룰 수 없는 욕심이기도 하지요.

복잡한 이해관계 속에서도 행복하게 살아가기 위한 저의 해답은, '내가 중점이 되는 삶'이라고 주장했습니다. 그리고 오해하면 안 되는 한 가지로, 다른 이를 존중하는 '이타심'을 가져야 한다고 말했죠. 여기서 희생과 헌신의 의미를 구분할 필요가 있습니다. 본문 내용에서도 희생과 헌신이라는 단어가 들어간 문장에서는 그 차이를 확연히 느낄 수 있어요.

저는 그동안 저 자신을 버려가면서 타인의 기대에 저를 맞추려 했기에 힘들었던 것입니다. 제가 '희생'했기에, 다른 이들도 저에게 돌려줄 것이라 기대했어요. 하지만 제가 원하는 만큼 돌아오지 않으니 감정의 난세에 빠지게 된 것이죠. 그리고 '내가 중점이 되는 삶'을 결단했습니다. 그 와중에도 타인을 위하는 마음은 버리지 않았어요. 제가 이기적으로 행동하면 누군가도 제가 과거에 겪었던 고통을 똑같이 느낄 테니까요. 저는 저 자신이 우선인 것처럼 그들에게는 그들 자신이 우선이라 생각했습니다. 그래서 저는, 제가 원하는 일을 함으로써 다른 이들에게 피해가 가지 않도록 최선을 다했어요. 이게 바로 '헌신'이었습니다. 타인을 저인 것처럼 존중하는 마음으로 행동한 것이지요. 돌려받을 것을 바라지 않고 감사하는 마음으로 지금 할 수 있는 일에 최선을 다하자 제 주위 환경은 변화했습니다.

3. 자신에게 유리한 생각을 선택하세요

과거의 선택은 현재의 결과입니다. 과거는 후회할 필요가 없지요. 되돌리고 싶어도 되돌릴 수 없으니까요. 통제할 수 있는 것은 오직, '이제부터 내가 어떻게 할지'입니다. 어떤 생각을 하고, 어떤 감정을 지니고, 어떤 행동을 실행할지는 선택할 수 있습니다. 불확실한 미래가 두려워도 일단 선택하는 겁니다. 그리고 결과를 직시하는 것이죠. 결과가 마음에 안 들면 지금까지 믿었던 생각을 바꾸면 됩니다. 그리고 즉시 행동합니다. 현재의 생각을 바꾸고 행동하면 미래에는 결과가 바뀌었을 테니까요.

가령 제가 학창 시절에 가난과 따돌림의 환경에서 '공부'를 결단하고 행동하지 않았다면 저는 지금 어떻게 살고 있을까요? 사회 초년생 때 '내 삶의 1순위는 나 자신'을 결단하고 실천하지 않았다면 저는 지금 뭐 하고 있을까요?

사람들은 모르고 있습니다. 자신에게 유리한 생각을 선택하고, 반복적으로 행동하면 변화할 수 있다는 것을 말이죠. 사실은 바뀌는 것을 거부하는 걸 수도 있습니다. 왜냐하면 지금 환경이 조금 불편하고, 불만족스럽기는 해도, 변화한 모습이 더 나을지 확신하지는 못하니까요. 그래서 "나는 못 해."라고 말하면서 쉽게 포기하게 되는 것입니다. 포기하면 마음이 편해지거든요.

저는 자살까지 생각했고 그 상황을 회피했습니다. 그런데 상황을 회피한다고 달라지는 것은 없었습니다. 이후 비슷한 상황이 찾아오니 비관적으로 생각하기에 바빴지요. '나에게는 왜 이런 일이 생기는 걸까.', '내가 뭘 그렇게 잘못했는데?' 문제를 회피하고, 도망가고, 남 탓과 상황 탓을 하면서 감정의 난세에 빠졌습니다. 저는 그 난이도의 문제를 풀 능력이 아직 없었던 것이었지요.

저에게 시련과 고난은 모두 행운이었어요. 행운이라고 생각하는 게 더 유리합니다. 저는 그 경험을 통해 인생을 배울 수 있었고, 배움을 통해 생각의 한계가 확장되었어요. 생각의 한계가 확장되면서 저 자신과 타인을 위하는 관대한 마음을 얻었습니다. 부정적인 감정이 마음과 건강을 해치는 것을 경험하며 마음을 다스리는 방법을 배웠습니다. 언제든 죽을 수 있다는 사실을 깨우치게 해준 과거의 저에게 감사합니다. 자살을 상상하게 해준 이들에게도 감사합니다. 이제 저는 이들을 축복하면서 더 큰 사람이 되기로 선택했습니다. 불평하고 비관하는 것보다, 감사하고 축복하는 게 제게 더 유리하니까요.

사람은 누구나 불완전하다는 생각을 선택하세요. 자신이 완벽한 사람이라고 생각하면, 수없는 단정과 잘못된 확신 때문에 감정의 난세에 빠지게 됩니다. 롤 모델이나 멘토처럼 타인을 완벽한 사람이라고 생각하면, 그들의 생각과 행동을 무조건 따라 하게 됩니다. 그들을 뒤쫓기만 하면서 자기 생각과 감정을 버리게 되지요. 이 생각은 그들을 뛰어넘을 수 없다며 스스로의 한계를 긋는 일입니다.

나이와 관계없이 사람은 누구나 동등한 존재라는 생각을 선택해보세요. 자신을 누군가보다 열등한 존재라고 생각하면 따돌림을 당하던 학창 시절의 저처럼, 선입견이라는 틀에 저를 맞추던 사회 초년생의 저처럼, 우리를 향한 사람들의 평가에 일희일비하면서 살 수도 있습니다. 저는 다른 이들의 시선에 일일이 반응하면서 엄청난 피로감을 받았고 몸과 마음이 병들었지요. 반대로 자신을 누군가보다 우월한 존재라고 생각하면 자만심과 교만함이 생깁니다. 그 생각은 나도 모르는 새에 말과 행동으로 표현됩니다. 자신도 불완전한 사람이라는 사실을 모른 채로 다른 사람의 험담을 늘어놓을 수도 있습니다. 누군가의 잘잘못을 따지면서 당연한 것을 모른다고 책망할 수도 있어요. 그러면서 본인은 이해받기를 원하죠. 이해받지 못한 채 험담이나 책망을 받으면 거기에서 감정이 상하기도 합니다.

저를 포함한 사람들 대부분은 자기 자신도 인지하지 못한 채 우월감과 열등감에 빠져 감정을 낭비합니다. 남과 자신을 비교하면서 생기는 감정이지요. 저는 감정을 낭비하는 것이 가장 큰 손해라고 생각해요. 감정이 상하면 올바른 판단을 내리기 어려워지고, 제대로 판단하지 못하면 일처리가 늦어지기 때문입니다. 그러면 자신감이 떨어져서 자신이 열등하다고 생각하는 악순환 고리가 만들어지겠지요. 이를 피하기 위해서라도 나에게 유리한 생각을 선택해야 합니다. 세상에 완벽한 사람은 없습니다. 당신이 누구보다는 잘났다는 느낌이 든다면, 그 느낌은 착각이니까 그 감정에 휘둘리지 마세요. 우쭐하면서 잠시 기분 좋아질 수는 있겠지만, 반대로 언제든 못나질 수 있다는 반증이기도 합니다.

당신은 자책 말고 자화자찬하기를 바랍니다. 사람들은 왜 자기 자신을 깎아내리지 못해 안달인지, 최선을 다했으면서도 결과가 안 나오면 자책하는 것인지. 볼 때마다 안타깝다는 생각입니다. 자화자찬이 그리 부끄러운 일인가요? 그럼 혼자 있을 때 해주면 되잖아요. 우리 참 잘 했잖아요. 죽지 않고 지금을 살고 있는 우리가 잘했고, 다른 이에게 미소로 인사하며 사랑을 나눠주는 우리가 잘했습니다. 새로운 것을 배우며 성장한 우리가 잘했고, 엄마를 안아주며 감사의 마음을 전하는 우리는 모두 잘한 겁니다.

재능은 타고나는 게 아니라, 우리가 만들어나가는 것입니다. 생각과 반복된 행동을 통해 재능을 만들고, 그 재능으로 인해 자신감이 생기는 것이죠. 결과가 썩 마음에 들지 않아도 자책 말고 자화자찬을 하면서 지속하다 보면 결국 우리가 원하는 모습이 되어 있을 거예요. 너무 멋진 일 아닙니까!

통제할 수 없는 일에 남 탓, 상황 탓을 하는 건 시간 낭비입니다. 누군가의 공감과 위로는 임시적인 조치에 불과하죠. 감정의 난세에서 벗어나려면 나의 마음을 다스리는 방법밖에 없습니다. 내가 바뀌면 그들을 바라보는 관점이 바뀝니다. 그러면 그들이 이해될 수도 있고, 안될 수도 있어요. 그 상황이 납득될 수도 있고, 안될 수도 있지요. 이해되지 않아도 내가 통제할 수 없는 일이라면 어쩔 수 없습니다. 그냥 흘러가게 둬야죠, 뭐. 원하지 않는 일이 찾아와도 내 감정은 내가 지켜줘야 하니까요.

제가 중점이 되는 삶을 살기로 결단했습니다. 어떤 선택의 순간에도 저를 가장 우선으로 두었습니다. 제가 무엇을 하고 싶은지, 좋아하는 것과 싫어하는 것은 무엇인지, 감정 상태는 어떤지, 왜 그런지. 저에게 집중했습니다. 필요할 때는 모든 사람이 'Yes'라고 말해도 'No'라고 말할 수 있게 되었습니다. 하고 싶은 것이라면 뭐든 도전할 수 있게 되었습니다. 성공한 부자들이 엄청난 불균형 후에 자유를 얻었다는 말을 믿고, 제가 원하는 모습을 향해 시간과 노력을 들여 성장하는 삶을 살기로 했어요. 제 미래에 대한 확신이 있기에 넘어져도 일어나서 계속 행동할 수밖에 없지요.

황금률에 따라 대접받고 싶은 대로 대접해주지만, 이타심을 가지고 살아가기로 했어요. '나'만을 위한 생각이 아닌 '우리'를 위한 생각을 하니 걸리는 마음이 사라졌습니다. 다른 이들에게 제가 가진 것을 나눠주기로 하니 풍요로운 마음이 생겼습니다. 저의 가치를 나눠주니 제가 이 세상에서 중요한 사람이라는 갈망이 채워졌어요. 무엇이든 당당하게 주장할 수 있게 되었습니다. 저 자신과 타인을 위하면서 저는 더 행복해지는 중입니다.

원하지 않은 결과를 실패라고 단정 지으며 자책할 필요가 없습니다. 어떻게 하면 변화할지 거기에 집중하면 돼요. 우리의 선택은 과거로 돌아가도 똑같을 겁니다. 지금 시작하는 게 가장 빠른 변화라는 말도 같은 맥락이지요. 과거의 선택을 후회할 필요가 없어요. 지금 깨달았으니 감사합니다. 그리고 결과가 좋지 않다면 생각을 바꾸면 됩니다. 사람은 변화하며 성장하니까요.

제가 열심히 떠드는 말에 '아!' 하고 이해한다고 말해도, 결국 자신이 매일 자각하고 반복하지 않으면 결국엔 제자리로 돌아와요. 사람은 에빙하우스 망각곡선에 따라서, 학습한 내용을 10분 후부터 망각하기 시작하니까요. 다음 날에는 약 66%를, 일주일이면 약 75%를 까먹습니다. 새로운 생각을 선택하고 받아들이는 데 반복이 필수라는 의미죠.

최선을 다해 선택하세요. 어떤 생각을 선택하든지 그 책임은 자신의 몫입니다. 그 누구도 우리의 선택을 강요할 수 없어요. 선택을 안 하는 것 또한 결국 선택입니다. 우리는 그 선택에도 책임을 져야 해요. 그 책임을 회피해도 다시 찾아옵니다.

나에게 유리한 생각을 선택하고 내가 바뀌기로 결단하면, 나는 어떤 편견 속에서도 얼마든지 행복해질 수 있습니다. 당신이 자기 선택에 책임을 지면서 당당하게 살아가기를 소망합니다. 이 세상에 불행해도 되는 사람은 없으니까요.